Ingo Thiel

# 10 JAHRE
## QUEEN MARY 2 IN HAMBURG
### EINE ERFOLGSGESCHICHTE OHNEGLEICHEN

Koehlers Verlagsgesellschaft · Hamburg

## IMPRESSUM

ISBN 978-3-7822-1207-6

© 2014 by Koehlers Verlagsgesellschaft mbh, Hamburg

Ein Unternehmen der Tamm Media.

Alle Rechte vorbehalten.

Layout und Produktion: Nicole Laka

Druck und Bindung: Reálszisztéma Dabas Druckerei AG, Ungarn

Ein Gesamtverzeichnis der lieferbaren Titel schicken wir Ihnen gerne zu.

Bitte senden Sie eine E-Mail mit Ihrer Adresse an:

vertrieb@koehler-books.de

Sie finden uns auch im Internet unter: www.koehler-books.de

**Bibliografische Information der Deutschen Nationalbibliothek**

Die Deutsche Nationalbibliothek verzeichnet diese Publikation in der Deutschen Nationalbibliografie; detaillierte bibliografische Daten sind im Internet über http://dnb.d-nb.de abrufbar.

## BILDNACHWEIS

Umschlag: Cunard Line

Cunard Line: Seiten 2/3; 12; 16/17; 20; 22; 25; 27; 28; 31; 38; 51; 57; 59; 62; 65; 66/67; 68/69; 70; 72/73; 75; 76/77; 78/79; 80; 82/83; 84/85; 86/87; 89; 90; 93; 95; 96; 99; 100; 101; 105 rechts; 114; 118; 120; 123; 125; 128

Blohm + Voss Repair GmbH: Seiten 102; 109; 112; 113

Michael Zapf: Seiten 47; 48/49

CJP Hamburg: Seiten 21; 35; 45

Oliver P. Mueller: Seiten 14; 33; 34

Stephan Töllner: Seite 52; 54/55; 58

Ingo Thiel: Seite 18

Florian Sonntag: Seite 46

Gunther Eimers: Seite 105 links

Hans-Ulrich Kossel, Kossel Kommunikation: Seite 41

Hotel LOUIS C. JACOB: Seite 37

HHC: Seite 32

# INHALT

- 6    Grußwort Senator Frank Horch
- 8    Grußwort Dietrich von Albedyll
- 10    Grußwort Anja Tabarelli

**15    DIE QUEEN KOMMT**

**23    HAMBURG BEJUBELT DIE QUEEN**
**HAMBURG-ANLÄUFE 2004 – 2014**

- 26    Das erste Mal
- 30    Der Rekord
- 40    Das Traumschiff-Treffen
- 42    Blue Port und Hamburg Cruise Days
- 44    Die Flaggenparade
- 50    Zwei Queens in Hamburg
- 56    Der Zuschauererfolg zahlt sich aus

**63    THE QUEEN INSIDE**
**EIN RUNDGANG AN BORD**

- 74    KUNST AN BORD
- 80    SPEISEN AN BORD
- 88    EIN SCHWIMMBECKEN VOLLER TEE

**103    KOSMETIK FÜR DIE KÖNIGIN:**
**WERFTAUFENTHALT BEI BLOHM & VOSS**

- 108    DER ANTRIEB
- 110    INTERVIEW MIT JAN KEES PILAAR, BLOHM + VOSS

**115    CAPTAIN'S CORNER**

- 116    Kapitän Paul Wright
- 117    Commodore Bernard Warner
- 119    Commodore Christopher Rynd

**121    GUIDE FÜR QUEEN-NEULINGE**

**128    ZAHLEN UND DATEN ZUR QUEEN MARY 2**

Frank Horch, Wirtschaftssenator der Stadt Hamburg

## QUEEN MARY 2 – 10 JAHRE IN HAMBURG

Vor zehn Jahren kam die Königin der Meere das erste Mal nach Hamburg. Keine Monarchin war so oft in der Bürgerstadt Hamburg zu Gast wie die QUEEN MARY 2. Als Königin befährt sie die Weltmeere, aber sie kommt immer wieder gerne nach Hamburg, um den royalen Bug ein wenig ruhen zu lassen. Und die Bürger unserer Stadt vergessen kurz ihre lange und stolze republikanische Tradition und huldigen der Queen fröhlich, aber auch ehrfurchtsvoll, wie es ihr geziemt. 400.000 Zuschauer haben sie bei ihrem Erstanlauf 2004 in ihrem heimlichen Heimathafen Hamburg in Empfang genommen. Ein Jahr später kam sogar eine halbe Million Menschen, als die QUEEN MARY 2 in Hamburg einlief.

Die Hamburgerinnen und Hamburger eint eine große Leidenschaft für alles Maritime. Sie identifizieren sich mit ihrer hanseatischen Vergangenheit, mit ihrem Hafen und begeistern sich für Schiffe und die Seefahrt. Ganz besonders für die imposante, elegante QUEEN MARY 2 der Cunard-Reederei. Ein Festtag ist es immer für die »Sehleute«, wenn es in Hamburg zu einem Königinnentreffen kommt und Elisabeth und Mary sich gemeinsam die Ehre geben. Auch die hohen Besucherzahlen bei Veranstaltungen wie den Cruise Days oder Taufzeremonien großer Schiffe sind Ausdruck der großen Begeisterung, auf die die »großen Pötte« bei der Bevölkerung treffen. Johann Wolfgang von Goethe hat bestimmt noch keine Kreuzfahrten unternommen und Schiffe in dieser Größenordnung sicher auch nicht im Kopf gehabt, als er schrieb: »Man reist ja nicht, um anzukommen, sondern um zu reisen.« Man könnte aber annehmen, dass er dabei Kreuzfahrt im Sinn hatte. Denn besonders hier ist der Weg das Ziel.

Diese Entwicklung bietet hervorragende Perspektiven für Hamburg. Neben der Wertschöpfung für die hier angesiedelten Unternehmen bietet sie auch die Chance, neue Arbeitsplätze zu schaffen. Hamburg ist zu einer der beliebtesten Kreuzfahrtdestinationen in Europa geworden. Mit 555.000 Passagieren und 177 Anläufen war 2013 das bislang beste Kreuzschifffahrtsjahr. Und die Prognosen sind einhellig positiv. Immer mehr Kreuzfahrtschiffe kommen nach Hamburg. Die Passagierzahlen steigen, ebenso die Größe der Schiffe. Mit einem dritten Kreuzfahrtterminal am Kronprinzkai wird Hamburg die Potenziale des wachsenden Kreuzschifffahrtsmarktes optimal nutzen und dem wachsenden Bedarf der Kreuzfahrtindustrie gerecht werden.

Allen, die noch überlegen, wie sie das mit den Kreuzfahrten eigentlich finden sollen, etwas von Mark Twain als Entscheidungshilfe. Der hat einmal gesagt:

*»In 20 Jahren werden Sie eher von den Dingen enttäuscht sein, die Sie nicht getan haben, als von denen, die Sie getan haben. Lichten Sie also die Anker und verlassen Sie den sicheren Hafen. Lassen Sie den Passatwind in die Segel schießen. Erkunden Sie. Träumen Sie. Entdecken Sie.«*

*Herzlich*

Dietrich von Albedyll, Hamburg Touristik GmbH

# QUEEN MARY 2 – DAS SCHWIMMENDE WAHRZEICHEN DER FREIEN UND HANSESTADT HAMBURG

Hamburg befindet sich auf einer beeindruckenden Aufholjagd. Aus der schlafenden Schönen ist in den vergangenen Jahren eines der beliebtesten Städtereiseziele in Europa geworden. Im Jahr 2012 hat Hamburg den Sprung unter die zehn meistbesuchten Metropolen geschafft, und es ist nur eine Frage der Zeit, bis die Stadt die Anziehungskraft von München oder Wien übertreffen wird. Die Gründe für diesen Erfolg liegen in der an vielen Stellen sichtbaren Attraktivitätssteigerung der Stadt. Es vergeht kein Jahr, kaum ein Monat, ohne prägende Meilensteine, die sich positiv auf den Gästezuspruch, das positive Image und die Bekanntheit auswirken.

UND DOCH ZEIGT SICH heute mehr denn je: Die maritime Identität mit all ihren Facetten ist die Grundlage dieser Erfolgsgeschichte. Sie ist eng verbunden mit der positiven Entwicklung als Kreuzfahrtstandort. Im Jahr 2004 zählte Hamburg 53 Anläufe von Kreuzfahrtschiffen mit ca. 28.000 Passagieren, im Jahr 2014 werden es 186 mit etwa 600.000 Kreuzfahrtbegeisterten sein. Damit hat sich Hamburg die Position als bedeutendster deutscher Kreuzfahrthafen zurückerobert. Auch weil sich die Begeisterung der Hamburger bei den Reedereien herumgesprochen hat. Mehr noch: Hamburg und auch der gesamte nordeuropäische Erlebnisraum verfügen über einen international wahrgenommenen Reiseanlass, der enorm positiv besetzt ist und die maritime Identität transportiert. Die Erfolgsgeschichte des Kreuzfahrtstandorts Hamburg ist wiederum eng mit dem im Jahr 2004 begonnenen Engagement von Cunard Line und der besonderen Ausstrahlung der QUEEN MARY 2 als schwimmendes Wahrzeichen der Stadt verbunden.

ALS DIE QUEEN MARY 2 am 19. Juli 2004 zum ersten Mal in Hamburg anlegte, wurde das Flaggschiff der britischen Traditionsreederei von mehr als 400.000 begeisterten Zuschauern empfangen – unsere ganze Stadt hatte sich in ein Schiff verliebt und ein Schiff in eine Stadt. Kapitän Paul Wright hatte extra die Passagiere wecken lassen, damit diese den Massenempfang beim Einlauf um 5.34 Uhr nicht verpassten. Wright schrieb in einem Brief an die Stadt: »So etwas habe ich in meinem Leben als Kapitän noch nie erlebt.«

Ein Jahr später säumte sogar mehr als eine halbe Million Menschen die Elbufer, bis heute Rekord für einen Schiffsanlauf in der Hansestadt. Damit hat die QM2 dazu beigetragen, ein neues, aufregendes Kapitel als Sehnsuchtsort von Kreuzfahrern aus der ganzen Welt zu öffnen. Mittlerweile ist diese einzigartige Beziehung zwischen dem Ocean Liner und der Hansestadt Tradition und Kult zugleich.

HAMBURG HAT NIE ein Königshaus beheimatet, ist aber aus Sicht der Hamburger seit 2004 der emotionale Heimathafen »unserer Queen«, der QUEEN MARY 2. Die Schiffe der Cunard Line, angeführt von QM2, sind zu einem festen Bestandteil der maritimen Identität Hamburgs geworden. Wir sind sehr glücklich und zugleich stolz darauf, dass das wohl berühmteste Schiff der Gegenwart so häufig in Hamburg festmacht und nach wie vor eine so große Faszination ausübt. Diese Faszination und Begeisterungsfähigkeit wird dazu beitragen, dass die Anziehungskraft Hamburgs weiter wachsen wird.

Anja Tabarelli, Director Sales & Marketing Cunard Line

# 10 JAHRE QUEEN MARY 2

Die QUEEN MARY 2 und die Hansestadt Hamburg, das ist eine ganz besondere Beziehung: Denn nirgendwo auf der Welt bereiten die Menschen unserem Flaggschiff einen derart herzlichen Empfang und Abschied wie in Hamburg. Nicht von ungefähr wird Hamburg der »heimliche Heimathafen« der QUEEN MARY 2 genannt.

Als die QUEEN MARY 2 am 19. Juli 2004 zum ersten Mal am Grasbrook-Terminal in der HafenCity festmachte, kamen Hunderttausende Zuschauer, um die Königin der Meere zu sehen. Nie werde ich den Moment vergessen, als unser Flaggschiff ab diesem Tag mit ihrem mächtigen Bug die Nebelwand des Morgengrauens durchbrach. Bei allen Menschen, die zu dieser frühen Tageszeit in die HafenCity aufgebrochen waren sowie zuvor an den Elbufern von Blankenese bis zu den Landungsbrücken, sorgte dieses Bild für Gänsehaut und eine magische Stille. Für mein großartiges Team im Deutschland-Büro der Cunard Line war dieser Jungfernanlauf der Abschluss monatelanger Überzeugungsarbeit und Vorbereitung, denn unsere Zentrale wollte das damals mit 150.000 BRZ größte und längste Kreuzfahrtschiff der Welt in seinem Premierenjahr zunächst gar nicht nach Hamburg schicken.

Die überwältigenden Ereignisse dieses Tages führten dazu, dass wir Überzeugungsarbeit leisten konnten, die Fahrpläne für das Folgejahr nochmals umschreiben zu lassen. Die Kataloge waren bereits gedruckt, jedoch mit einer Route ohne Hamburg-Besuch. Aber wir haben es geschafft, im Jahr 2005 die erste Transatlantikpassage mit Passagiereinstieg von Hamburg nach New York mit der QUEEN MARY 2 anbieten zu können. Innerhalb weniger Tage war diese Reise ausgebucht. Aus der anfänglichen Neugierde im Jahr 2004 wurde beim zweiten Anlauf unserer »Lady« eine regelrechte Euphorie, die bis zum heutigen Tag angehalten hat. Die rund 500.000 »Sehleute« am Ufer, die unseren Ocean Liner bei der Ein- und Ausfahrt bejubelten oder tagsüber in der HafenCity anschauten, führten zu einem Verkehrschaos und sind bis heute Rekord bei einem Schiffsanlauf in Hamburg. Menschen aus ganz Deutschland und sogar aus dem Ausland kamen mit Bussen angereist, viele Hotels waren ausgebucht, und Bäckereien in der Innenstadt meldeten bereits um die Mittagszeit, dass ihre Vorräte des Tages ausverkauft waren. Unsere Queen schaffte es bis in die Fernseh-Hauptnachrichten und zierte die Titel sämtlicher Tageszeitungen. Es gab tagelang kaum ein anderes Thema, Hamburg hatte »seine« Queen endgültig ins Herz geschlossen, und wir im Hamburger Büro der Cunard Line waren einfach nur glücklich.

Aktionen wie der erste Start des »Blue Port« mit Boris Becker und Til Schweiger im Jahr 2008, die mehrmalige Teilnahme als Gast von Cruise Days oder dem Hamburger Hafengeburtstag, zahlreiche Events unterschiedlichster Art zum Ein- und Auslaufen unseres Flaggschiffs sowie der gemeinsame Anlauf von Queen Mary 2 und Queen Elizabeth 2012 lockten bis zu 250.000 Schaulustige nach Hamburg. Während der routinemäßigen Werftaufenthalte bei Blohm + Voss bot die Queen Mary 2 direkt gegenüber den Landungsbrücken eine grandiose Kulisse für viele Spaziergänger und Touristen. 2012 startete mit der Queen Elizabeth erstmals eine Cunard-Queen ihre Weltreise ab Hamburg, inzwischen haben wir bereits die dritte Weltreise hier in Hamburg beendet. Die Cunard-Erfolgsgeschichte und die ganz besondere Beziehung mit der Hansestadt Hamburg sind noch lange nicht zu Ende, und darüber sind wir sehr dankbar und stolz.

Das absolute Highlight unseres Cunard-Kreuzfahrtjahres 2014 in Hamburg wird sicherlich der 19. Juli sein, denn es ist uns gelungen, dass die Queen Mary 2 – auf den Tag genau zehn Jahre nach ihrem Erstanlauf – wieder in unserer schönen Hansestadt zu Gast sein wird. Wir hoffen natürlich auf schönstes Wetter, wenn sie am Morgen mit der Queen Mary 2 Flag Parade von ihren Liebhabern begrüßt wird. Am Abend ab 21.30 Uhr wird sie mit der »Mille Saluti Hamburg«-Auslaufparade, einem Stopp vor den Landungsbrücken, einer musikalischen Darbietung und beeindruckenden Feuerwerken verabschiedet und sich – genau wie im Jahr 2004 – auf ihren Weg nach New York machen.

Ich freue mich bereits jetzt darauf, dieses Ereignis mit Zehntausenden Menschen zelebrieren zu dürfen. Seien Sie doch auch dabei, wenn Hamburg »seine« Queen feiert.

*Herzlichst*
*Ihre Anja Tabarelli*

# DIE QUEEN KOMMT!

Bei der Hamburg-Premiere der Queen Mary 2 am 19. Juli 2004 stiegen Journalisten und ein Kamerateam des NDR gemeinsam mit dem Autor bei Cuxhaven von einem Lotsenboot auf den Luxusliner über und fuhren die Elbe hinauf bis in den Hafen.

»Die Queen ist da!« Wie ein Lauffeuer verbreitet sich die Nachricht, als die ersten Sehleute an Land mit Ferngläsern die erleuchteten Aufbauten der Queen Mary 2 erblicken. Während sich der Bug bei der Einfahrt zum Hamburger Hausstrom aus dem Dunkel der Nacht schiebt, stehen an der Pier in Cuxhaven weit nach Mitternacht noch mehr als tausend Menschen in leichtem Nieselregen. Vom sich entfernenden Lotsenboot sind sie bald nur noch schemenhaft zu erkennen, dafür zucken die Blitze ihrer Kameras durch die Nacht. Die Mannschaft des Schleppers Taucher O. Wolf soll bei der Kugelbake die Beamten von Zoll und Wasserschutzpolizei sowie die Journalistengruppe an Bord bringen, es ist windig und reichlich Wellengang.

Zehn Minuten später geht der Schlepper im Windschatten der Queen Mary 2 längsseits, steil ragt die Bordwand der Gigantin hoch über uns. Der Wind hat im Schutz des auf fünf Knoten Fahrt gebremsten Luxusliners nachgelassen, der Wellengang nicht. Das kleine Lotsenboot schaukelt, der Steuermann hat Mühe, sein Gefährt nahe genug heranzubringen, ohne zu kollidieren. Schließlich können die aus einem Schott in der Bordwand herunterschauenden

Matrosen die Leiter so befestigen, dass man an Bord klettern kann. Selbst die erfahrenen Beamten haben Respekt, als es losgehen soll. Der Regen macht die Stufen glitschig und die Sache damit nicht einfacher. Zwar hat jeder der Übersteiger eine Schwimmweste angelegt, doch falls tatsächlich jemand in die dunkle, gegen die Schiffsseite klatschende Elbe herunterfallen und zwischen die beiden Bordwände geraten sollte ... Keine Zeit mehr, darüber nachzudenken. Der Vordermann ist oben, es geht los. Langsam Stufe für Stufe, den Blick immer nach oben, mit festem Griff, aber etwas wackligen Beinen. An der Luke packen kräftige Arme zu und hieven den Neuankömmling hinein – geschafft. Von hier oben, wo man vom Wellengang nichts mitbekommt, wirken die sechs Meter Höhenunterschied fast lächerlich gering, aber der Kameramann des NDR mit seinem Gerät hat auf der Leiter schwer zu kämpfen.

ZOLL- UND POLIZEIBEAMTE werden vom Zahlmeister und seinem Team begrüßt, auf Tischen in einem der Konferenzräume auf Deck 2 stehen Holzkästen mit den Dokumenten aller Passagiere, die Passkontrolle beginnt. Mehr als 2.600 Passagiere und 1.300 Besatzungsmitglieder befördert

der ausgebuchte Luxusdampfer an diesem herandämmernden Montag. Still, nahezu lautlos, gleitet das 345 Meter lange Schiff majestätisch dahin. Auf der Brücke, hoch über der Elbe, schaut Kapitän Paul Wright bei rotem Dämmerlicht konzentriert auf den Radarmonitor, der Erste Offizier kontrolliert das hochmoderne Computerdisplay, auf dem alle wichtigen technischen Schiffsdaten auflaufen, der Lotse den Kurs. Auch für die altgedienten Lotsen, die beim Feuerschiff ELBE 1 zugestiegen sind, ist diese Aufgabe etwas Besonderes. Schließlich haben die maritimen Pfadfinder wegen des enormen Tiefgangs von mehr als 10 Metern nur ein kleines Zeitfenster, um mit dem Hochwasser den gut 90 Kilometer elbaufwärts gelegenen Hamburger Hafen zu erreichen. Die QUEEN MARY 2 surft sozusagen auf der Hochwasserwelle in die Hansestadt, bei niedrigeren Wasserständen droht das Schiff die Deckenkonstruktion des Alten Elbtunnels zu kratzen. Auf der Brücke ist es bis auf die Computerbildschirme dunkel, draußen an den Ufern geht das Blitzlichtgewitter aber nahezu unaufhörlich weiter. Überall entlang der Strecke müssen Menschen stehen und die blau-schwarze 150.000-Tonnen-Riesin mit den schneeweißen Aufbauten ehrfürchtig anstaunen. Verwundert ob der vielen Lichtblitze ist auch Kapitän Wright: »Haben die hier überall neue Leuchttürme gebaut?«

GEGEN 2.30 UHR herrscht im King's Court Büffetrestaurant immer noch Betrieb. Einige Passagiere haben die letzte Nacht an Bord noch lange gefeiert, andere wollen gar nicht erst ins Bett, sondern die gesamte Elbpassage erleben. Eine Stunde später beginnen tief im Bauch des Schiffes in der Bäckerei die letzten Vorbereitungen für das Frühstück. Von 22 bis 8 Uhr rührt, knetet und backt die Nachtschicht, drei Mann sind im Einsatz, um wie an jedem frühen Morgen 800 Brötchen, 600 Croissants und 150 Kilo Brot herzustellen – es riecht lecker und verführerisch – ein gerade fertig gebackenes Croissant, noch dampfend auf die Faust, muss jetzt einfach sein.

SO FRÜH ARBEITEN noch nicht viele Crewmitglieder, bis auf das King's Court haben alle Restaurants, die Bars, das Casino und die Diskothek G32 geschlossen. Hochkonzentriert stehen Kapitän Wright und die für diese Wache eingeteilten nautischen Offiziere auf der Brücke, im Maschinenkontrollraum schaut der Chefingenieur persönlich mit drei seiner Offiziere auf die Bildschirme. In der Küche hält sich ein Team für den 24-Stunden-Kabinenservice ebenso bereit wie in den Suitenetagen die eingeteilten Butler. Der Bootsmann, der Bosun, und seine Mannschaft machen Kontrollgänge über alle Decks. Immer wieder bleiben die Männer von den Philippinen stehen und blicken ungläubig hinüber zum nahen Ufer. In der langsam beginnenden Morgendämmerung ist seit Stade auf der Deichkrone eine nur an wenigen Stellen unterbrochene Menschenkette auszumachen. In den Morgennachrichten heißt es später, es sei in Niedersachsen und Schleswig-Holstein nahezu überall auf den Hauptverkehrsstraßen entlang der Elbe zu Verkehrsbehinderungen und Staus gekommen. Das Schiff erwacht langsam, einige Männer vom Deckdepartment reinigen die Umläufe und Sonnendecks mit Wasserschläuchen, im Büffetrestaurant werden die ersten Vorbereitungen für das Frühaufsteherfrühstück aufgenommen. Während das Servicepersonal die Tische eindeckt, betätigen sich die Frühaufsteher unter den Passagieren sportlich an Deck oder richten Ferngläser auf Ufer oder Horizont und versuchen, die ferne Hamburger Skyline zu erspähen. Die meisten Gäste schlummern allerdings noch in ihren Kabinen. Mit der Ruhe ist es aber gegen 5 Uhr vorbei, die QUEEN MARY 2 passiert das Schulauer Fährhaus. Am Willkomm-Höft spielen sie die englische Nationalhymne, die britische Flagge ist gehisst, und am Ufer ist alles schwarz. Wo sonst höchstens eine Handvoll Spaziergänger steht, drängen sich am frühen Morgen Zehntausende Menschen dicht an dicht, jubeln der Queen zu – Gänsehautgefühl. Spätestens jetzt ist klar, hier passiert heute etwas Großes.

**Auf der Brücke** kommt Kapitän Wright nicht mehr aus dem Staunen heraus: »Schaut euch diese Menschenmassen an.« Und zu seinem Ersten Offizier gewandt: »Los, begrüß die Menschen, sag ganz Hamburg ›Guten Morgen‹!« Der Angesprochene drückt auf einen Knopf, und zum ersten Mal an diesem Morgen ertönt der tiefe Klang des Schiffshorns, dreimal hintereinander. Noch ein Dutzend Mal wird die Brückenbesatzung die Hamburger und die aus ganz Deutschland angereisten Schiffsliebhaber bis zum Festmachen mit dem 18 Kilometer weit zu hörenden Horn grüßen. Gegen 5.30 Uhr kommt Hafenkapitän Hartwig Henke an Bord, um das Schiff sicher in die Hansestadt zu bringen. Auf dem Airbus-Gelände haben Hunderte Arbeiter eine Pause eingelegt, stehen vor den Hallen und winken. An Deck winken die Passagiere zurück, es ist jetzt voll an der Reling, kaum jemand will die Einfahrt verpassen. Mit einem Kaffeebecher in der Hand ist alles an Deck geeilt, ausnahmsweise wird mal andersherum gestaunt: Villen und Kapitänshäuschen des Blankeneser Treppenviertels backbord, die ersten großen Docks steuerbord und die Kirchtürme der Hansestadt stimmen die Passagiere auf ihren Besuch in der Hansestadt ein. Seit Cuxhaven wird die Queen Mary 2 von Polizeibooten begleitet, jetzt kommen ihr die ersten Boote aus Hamburg entgegen, unzählige Motor- und Segelboote, dazu bis auf den letzten Platz ausverkaufte Hafenbarkassen. Am Elbstrand herrscht Picknick-Atmosphäre, mit Decken, Kaffee und Brötchen sitzen die Menschen bereits am frühen Morgen hier und warten auf das Schiff. Am Burchardkai der HHLA steht die Arbeit still, Arbeitergruppen winken mit ihren Helmen, selbst die Bewohner der Hafenstraße sitzen auf ihren Dächern, um einen Blick auf das Schiff zu erhaschen.

AN DEN LANDUNGSBRÜCKEN wartet ein Menschenheer. Alles jubelt, winkt mit Tüchern, pfeift und schreit. Die Hamburger Verkehrsbetriebe haben extra lange S-Bahnen eingesetzt, der Busverkehr ist zum Erliegen gekommen, mit dem Auto geht auf den Straßen hier sowieso nichts mehr. Dicht an dicht stehen die Menschen bis in die HafenCity, sogar vom Michel winken Zuschauer. Zwei Feuerlöschboote begleiten mit Fontänen und Wasserspielen den Luxusliner bis zum Hamburg Cruise Terminal am Grasbrook – auch hier Menschenmassen, wohin das Auge blickt.

NUR AN EIN paar kleinen, schäumend weißen Wellen an Bug und Heck ist zu erkennen, dass die Bugstrahlruder arbeiten und das Schiff querab zum Strom an den Kai manövrieren. Zentimeter für Zentimeter schiebt sich die QUEEN MARY 2 näher an das Ufer, die Menge winkt und

jubelt. Um kurz vor 7.00 Uhr macht das Schiff zu den Klängen einer Kapelle backbord mit dem Bug in Richtung Elbbrücken fest. Erst in den Mittagsstunden soll mit einem Drehmanöver die richtige Fahrtrichtung für die Ausfahrt eingenommen werden.

DEN ZAHLREICHEN ZUSCHAUERN, deren Strom den ganzen Tag über nicht abreißt, bleibt nur die Außenansicht mit den gewaltigen Dimensionen der »Königin der Meere«. Sie können das Schiff leider nicht besichtigen, die neuen Sicherheitsbestimmungen, die seit dem 1. Juli 2004 weltweit gelten, lassen dies nicht zu. So bleibt den meisten von ihnen nur ein Traum, den sich die Passagiere gerade erfüllt haben – einmal im Leben mit der QUEEN MARY 2 über den Atlantik zu fahren.

# HAMBURG BEJUBELT DIE QUEEN

19. JULI 2004 PREMIERE
400.000 ZUSCHAUER
41 BESUCHE
5 WERFTAUFENTHALTE BLOHM + VOSS
HAFENGEBURTSTAG
KÖNIGINNENTREFFEN
CRUISE DAYS

# HAMBURG-ANLÄUFE
# 2004–2014

**N**irgendwo auf der Welt wird das Schiff so enthusiastisch empfangen und verabschiedet wie in der Hansestadt. Die Begeisterung und das Spektakel, sobald der rote Schornstein des Ozeanriesen in der Ferne auftaucht, muss man einfach selbst erlebt haben. Bei seinem Jubiläumsanlauf am 19. Juli 2014 ist das Schiff zum 41. Mal in Hamburg, dazu kommen fünf Werftaufenthalte. Natürlich lockte nicht jeder dieser Besuche mehrere Hunderttausend Menschen an, aber bei jedem einzelnen Anlauf hatte die Königin der Meere ein großes Publikum. Die höchste Zuschauerzahl wurde beim Hafengeburtstag am 6. Mai 2006 erreicht, als die Queen Mary 2 wegen Niedrigwassers eine Stunde vor den Landungsbrücken lag, bevor sie in das Dock ELBE 17 einlaufen konnte. Mehr als 800.000 Menschen sahen das Flaggschiff der Cunard Line an diesem Tag, auch wenn nicht alle extra deswegen zum Hafengeburtstag gekommen waren. Nur für die Queen Mary 2 war beim zweiten Besuch in der

Hansestadt am 1. August 2005 mehr als eine halbe Million Menschen gekommen – ein Rekord für die Ewigkeit, denn die HafenCity wächst und bietet nicht mehr so viele Freiflächen wie damals. Neben diesem Rekordtag im August 2005 ragen noch fünf weitere Besuche in Hamburg besonders heraus, weil neben den beeindruckenden Besucherzahlen jeweils ein neuer, anderer Glanzpunkt neben der Queen Mary 2 geboten wurde. Das geschickte Marketing der Reederei auf dem deutschen Markt machte möglich, was viele Medien, aber auch Fachleute aus der Kreuzfahrtbranche für ausgeschlossen hielten: den grandiosen Erfolg des Premierenanlaufs 2004 zu wiederholen.

# Das erste Mal

## 19. Juli 2004

**D**ie deutsche Vertretung der Reederei hatte sich lange dafür eingesetzt, in der Jungfernsaison auch einen Anlauf der Queen Mary 2 in Hamburg zu bekommen. Obwohl das Cunard-Management am Anfang nicht überzeugt war, gelang es dem Team um Deutschland-Direktorin Anja Tabarelli die Hansestadt in den Fahrplan der Jungfernsaison zu integrieren. Und der Einsatz hatte sich gelohnt: In Hamburg wurde am 19. Juli 2004 ein riesiges Volksfest gefeiert, mehr als 400.000 Menschen aus dem In- und Ausland wollten das Schiff sehen. Das Erlebnis war so gewaltig, dass in Fernseh-Interviews Menschen bei der Schilderung ihrer Gefühle weinten.

**Als am Morgen** des 19. Juli die Queen Mary 2 die Elbe hinaufkam, warteten überall im Hamburger Umland und in der Hansestadt Menschenmassen auf den Luxusliner. Hunderttausend Hamburger schwenkten zwischen Schulau und Grasbrook Tücher und winkten den Passagieren zu. Auf der Fahrt die Elbe hinauf gab es an vielen Stellen ein wahres Blitzlichtgewitter der Fotografierenden auf den Deichkronen. Viele Cafés und Restaurants entlang der Fahrstrecke hatten ihre Öffnungszeiten nach vorn verlegt.

**Ein langer Ton** aus dem Schiffshorn kündigte die Ankunft der Queen Mary 2 an und spornte einige, die unterwegs zum Elbufer waren, zu mehr Eile an. Denn das Schiff war seinem Fahrplan etwa eine halbe Stunde voraus.

Um Punkt 5.30 Uhr erreichte die Queen Mary 2 Blankenese, wo sie von rund 350 Privatbooten und Barkassen in Empfang genommen wurde. Bereits ab 6 Uhr früh war die HafenCity samt Zufahrtswegen wie zugekleistert. Stillstand herrschte im kompletten Hamburger Westen, es gab kilometerlange Staus auf allen Hauptverkehrsstraßen, auf der Elbchaussee stiegen Autofahrer einfach aus, um den Anblick zu genießen.

# 400.000 Zuschauer

Immer wieder ließ Kapitän Paul Wright das Schiffshorn blasen, weil der Empfang für ihn, wie er selbst sagte, das Größte in seiner Laufbahn darstellte und wirklich alle Passagiere wach werden sollten, um diesen Empfang zu erleben. Um 6.30 Uhr passierte der Liner umjubelt von Zehntausenden auf den Pontons und an der oberen Balustrade die Landungsbrücken. Der Morgen war grau und etwas neblig, aber selbst das Wetter spielte mit und sorgte für einen dramatischen Moment: Als sich die QUEEN MARY 2 langsam und majestätisch an der Kehrwiederspitze vorbeischob, riss der Himmel auf, und die Sonne glitzerte auf den schneeweißen Aufbauten – strahlend fuhr das Schiff seinem Ankerplatz entgegen. Kurz vor 7.00 Uhr kam die QUEEN MARY 2 am Kreuzfahrtterminal am Grasbrook in der HafenCity an, um 7.17 Uhr war das Anlegemanöver reibungslos geglückt. Mehr als 10.000 Menschen hatten sich dort bereits am frühen Morgen versammelt, um die Queen zu begrüßen.

VIELE STANDEN EINFACH STILL und staunend mit offenem Mund oder gar Tränen in den Augen da, »Wahnsinn« war an diesem Tag wohl das meistgebrauchte Wort. Nur 300 geladene Gäste konnten sich die QUEEN MARY 2 von innen anschauen, darunter mehr als 80 Journalisten. Wirtschaftssenator Gunnar Uldall überreichte Kapitän Wright am Nachmittag das Hamburger Admiralitätswappen, bis spät in die Nacht wurde gefeiert, den offiziellen Abschluss bildeten um 22.45 Uhr ein 15-minütiges Höhenfeuerwerk und eine Lasershow. Zehntausende standen Spalier bis nach Wedel, um »goodbye« zu sagen, erhoben die Hände zum Lebewohl, schwenkten Hüte, Mützen, Taschentücher und Transparente. Doch die Menschen blieben auch danach einfach am Kai, erst am frühen Morgen gingen die Letzten nach Hause.

# *Der* Rekord

### 1. August 2005

Der Premierenanlauf hatte in Hamburg Geschichte geschrieben, weltweit hatte man registriert, was in der Hansestadt passiert war. Doch deutsche Medien, die Führungsspitzen anderer Reedereien und Fachleute aus der Kreuzfahrtbranche waren sich nach dieser Superpremiere einig: Es sei klar, dass das größte Passagierschiff der Welt beim Erstanlauf Aufmerksamkeit errege, die werde sich aber schnell wieder legen. Wie sich bald darauf zeigen sollte, können sich auch Experten irren.

Das deutsche Büro der Reederei in Hamburg arbeitete daran, im Sommer 2005 in Hamburg auch einen Passagierwechsel vornehmen zu können. Damit wäre die Hansestadt nicht nur wie im Vorjahr als Zwischenziel einer Kreuzfahrt eingeplant, sondern als Ein- und Ausstiegshafen deutlich aufgewertet worden. Das britische Cunard-Management zeigte sich vom Premierenempfang sichtlich beeindruckt und beschloss, dem deutschen Büro eine Chance zu geben. Anja Tabarelli und ihr Team nahmen daraufhin sofort Gespräche auf, wie man ein Fest für die Zuschauer gestalten könnte, der »Queen Mary 2 Day« wurde aus der Taufe gehoben. Kurz nachdem die ersten Meldungen vom erneuten Anlauf der Queen Mary 2 in Hamburg deutschlandweit in den Medien platziert worden waren, konnten sich die Barkassenbetreiber im Hamburger Hafen vor Anfragen kaum retten. Zeitungen und Busreiseveranstalter aus ganz Deutschland boten Touren nach Hamburg an, bereits mehrere Monate vor dem Termin waren alle Barkassen restlos ausgebucht, und auch die Hotels sprachen von einem Run auf die Zimmer.

Die Hamburger Medien stimmten in die allgemeine Euphorie ein. In den Tagen vor dem Anlauf schien es kein anderes großes Thema mehr zu geben, seitenweise wurde in den vier großen Tageszeitungen der Stadt über den bevorstehenden Besuch berichtet. Am Grasbrook wurden bereits zwei Tage vorher Buden und Zelte sowie eine große Bühne mit Leinwand aufgebaut. Die Reederei hatte extra für die Zuschauer, die das Schiff ja nicht von innen besichtigen konnten, einen 30-minütigen Film mit Impressionen von Bord aufgenommen, die auf dieser Leinwand den ganzen Tag wiederholt wurden.

Am 1. August gegen 3 Uhr erreichte die QUEEN MARY 2 das Willkomm-Höft, wo wieder Tausende das Schiff an der Begrüßungsanlage des Schulauer Fährhauses bejubelten. Stadtentwicklungssenator Dr. Michael Freytag fuhr dem Ozeanriesen auf einem Lotsenboot entgegen und war über die Jakobsleiter an Bord geklettert. Zwei Stunden stand er mit Kapitän und Lotsen auf der Brücke und genoss sichtlich die herrliche Einfahrt. Commodore Bernard Warner war genauso beeindruckt wie sein Kollege Paul Wright ein Jahr zuvor, als er die QUEEN MARY 2 in den Hamburger Hafen steuerte. Um 3.35 Uhr war erstmals das charakteristische Schiffshorn zu hören. Eskortiert von rund 500 Segel- und Motorbooten sowie Barkassen, kam das Schiff in die Hansestadt. Eine Stunde später passierte das Schiff die Landungsbrücken, wo ihm Zehntausende zuwinkten.

Gegen 5.15 Uhr machte die Queen Mary 2 am Kreuzfahrtterminal in der HafenCity fest. Der NDR sendete im Dritten ab 5 Uhr bis zum Abschied spät in der Nacht den gesamten Tag über immer wieder Berichte und Reportagen sowie Live-Einblendungen von Reportern. TV-Lokalsender Hamburg 1 kreierte gar seinen eigenen »Queen-Mary-Tag« mit durchgehender Berichterstattung über den gesamten Tag. Auch bundesweit waren die Sender aufmerksam geworden, der Besuch der Queen Mary 2 schaffte es bis in die Nachrichtensendungen der Privatsender, in das »heute journal«, die »Tagesschau« und die »Tagesthemen«.

Aus dem Premierenanlauf hatte die Reederei gelernt, dass das Wendemanöver der Queen Mary 2 auf der Elbe, um wieder in Fahrtrichtung elbabwärts zu gelangen, für die Zuschauer das am meisten beeindruckende Schauspiel gewesen war. So plante man, um 13.30 Uhr zu wenden, damit auch viele Hamburger aus der City in ihrer Mittagspause teilnehmen konnten. Es kam, wie es

kommen musste: Nichts ging mehr in und um die Hafen-City. Wer mit dem Auto kam, saß hoffnungslos für lange Zeit im Stau. Die Freifläche vor dem Schiff platzte aus allen Nähten, als die QUEEN MARY 2 zum Drehmanöver ablegte, das in einer halben Stunde inklusive Wiederanlegen zügig absolviert wurde. Die Menschen am Ufer staunten und jubelten. Der das Ereignis im NDR-Fernsehen live kommentierende Dritte Offizier der QUEEN MARY 2 wurde auf seinem Weg zurück zum Schiff wie ein Filmstar verfolgt und musste zahlreiche Autogramme geben. In der HafenCity zog sich den ganzen Tag über ein scheinbar endloser Zuschauerstrom aus der Innenstadt in Richtung Kreuzfahrtterminal. Bis 18.30 Uhr waren nach Schätzung der Polizei rund 320.000 Besucher gekommen. Am Ende, so verlautete es aus der Innenbehörde, schnellte diese Zahl nach dem Feuerwerk auf mehr als eine halbe Million Zuschauer. Ab 19 Uhr gaben auf der Bühne die Musiker Stefan Gwildis und Laith Al-Deen

# 500.000 Zuschauer

nacheinander Gratiskonzerte. Die Stimmung im Publikum war bestens.

**ALS DAS SCHIFF** gegen 23.55 Uhr ablegte und aus den Bordlautsprechern »Time to Say Goodbye« erklang, erleuchtete entlang des Ufers das bis dahin längste Feuerwerk der Stadt an insgesamt acht Stellen die Elbe. Die Hamburger Hochbahn musste mehr als 150 Sonderzüge bereitstellen: »Wir haben alles eingesetzt, was zur Verfügung stand«, sagte Hochbahn-Sprecher Andreas Ernst. »Der Fahrplan war nicht mehr einzuhalten. Alles fuhr, wann immer es möglich war.«

**AUCH DIE HAMBURGER HOTELS** waren restlos ausgebucht, 50.000 zusätzliche Übernachtungen und viele Tagesgäste sorgten dafür, dass die Kasse klingelte. Hamburgs Tourismus-Chef Dietrich von Albedyll schätzte den zusätzlichen Umsatz für die Hansestadt auf 50 Millionen Euro und meinte: »Wir können uns keine bessere Werbung für Hamburg vorstellen. Und der Senator für Wirtschaft und Arbeit, Gunnar Uldall, betonte: »Dieser Boom im Kreuzfahrtbereich kommt der ganzen Stadt zugute. Es sind aber nicht nur Tourismus, Gastronomie und Einzelhandel, die von den Kreuzfahrttouristen profitieren. Auch für die Dienstleister, die sich im Umfeld der Schiffe um die Aufnahme neuer Verpflegung und die sonstigen Versorgungs- und Entsorgungsfragen kümmern, sind die Besuche lohnend.« Gelohnt hatte sich dieser Anlauf mit erstmaligem Passagierwechsel auch für die Reederei: Neben dem immensen Imagegewinn stimmten auch die Gästezahlen, 1.159 Passagiere traten von Hamburg aus erstmals eine Transatlantikpassage mit der QUEEN MARY 2 an.

*Gäste und Mitarbeiter des traditionsreichen 5-Sterne-Superior-Hotels Louis C. Jacob an der Elbchaussee verabschieden die QUEEN MARY 2 regelmäßig mit Veranstaltungen und einer Zeremonie, bei der mit Bettlaken, Kopfkissenbezügen und Servietten gewinkt wird.*

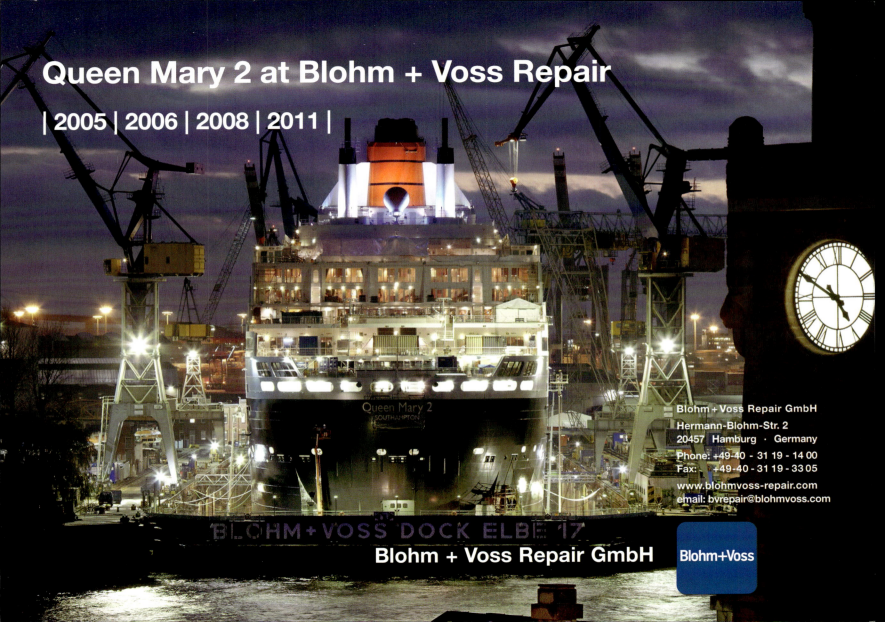

# Das Traumschiff-Treffen

### 25. August 2006

**B**eflügelt von diesem Erfolg, verdoppelte Cunard Line die Abfahrten im nächsten Jahr. Hamburg bildete am 16. Juli und 25. August 2006 jeweils Ende und Beginn von Transatlantikreisen über Southampton von und nach New York. Im Juli wurde erneut der »Queen Mary 2 Day« gefeiert, mehr als 200.000 Sehleute kamen zum fünften Besuch des Luxusliners. Da bereits fünf Wochen später der nächste Anlauf anstand, hatte die deutsche Vertretung im Vorfeld Überlegungen angestellt, wie man erneut die Aufmerksamkeit auf das Schiff lenken konnte. Es traf sich gut, dass zeitgleich mit der Queen Mary 2 auch die MS Deutschland der Reederei Deilmann, vielen als das »Traumschiff« aus der ZDF-Serie bekannt, Hamburg anlaufen sollte. Auf Initiative des Cunard-Büros wurde daraufhin bei einem Besuch am Hauptsitz der Reederei Deilmann in Neustadt in Holstein eine Kooperation unter dem Titel »Das Traumschiff-Treffen« vereinbart. Die Medien in Deutschland jubelten, die Vorabberichterstattung schlug noch jene in den Jahren zuvor.

Am 25. August machte am Morgen zunächst die MS Deutschland am Grasbrookkai fest, wenig später folgte die Queen Mary 2, die den vorderen Liegeplatz am Terminal zugewiesen bekam. Zu diesem sechsten Anlauf innerhalb von zwei Jahren kamen immer noch rund 150.000 Besucher, für die wieder zahlreiche Verpflegungs- und Souvenirstände aufgebaut worden waren. Auch das Medieninteresse war ungebrochen, zahlreiche Journalisten ließen sich über beide Schiffe führen. Den Höhepunkt des Treffens bildete

das Auslaufen der beiden Traumschiffe, zunächst legte die schneeweiße, elegante MS Deutschland gegen 18.30 Uhr ab. Die »Königin der Meere« folgte einige Minuten später in einem größeren Sicherheitsabstand. Allein 80.000 Schaulustige säumten bei dieser einmaligen Schiffsparade den Hafenrand, als die mit ihren 175 Metern gut halb so lange und mit 22.400 BRZ gegenüber der Queen Mary 2 mit ihren 345 Metern und einer BRZ von knapp 150.000 eher klein wirkende MS Deutschland vor der Gigantin den Hamburger Hafen verließ.

# Blue Port und Hamburg Cruise Days

### 30. Juli 2008

Vier Jahre nach dem ersten Besuch der QUEEN MARY 2 sollte das Schiff, drei Werftaufenthalte eingerechnet, am 30. Juli 2008 zum zehnten Mal nach Hamburg kommen. Dieses kleine Jubiläum wurde groß angerichtet: Der Anlauf des Schiffes sollte zum Auftakt der ersten Hamburg Cruise Days werden, bei denen an vier Tagen fünf bekannte Passagierschiffe nach Hamburg kamen. Neben dem größten Segelschulschiff der Welt, der SEDOV, waren dies die AIDAaura, die MS DEUTSCHLAND, die MS ASTOR, die MS COLUMBUS und natürlich die »Königin der Meere«.

Dieses Mal kam die QUEEN MARY 2 gegen Mitternacht, das Festmachen war für 2.30 Uhr vorgesehen. Trotz der späten Stunde standen wieder viele Tausend Menschen am Elbufer und fuhren Barkassen dem Schiff entgegen, darunter die HAMBURG, die für 333 Abendblatt-Leser reserviert war. Um 0.39 Uhr ertönte zum ersten Mal das Schiffstyphon, kurze Zeit später tauchte die erleuchtete QUEEN MARY 2 aus dem Dunkeln auf. Vom Hotel Louis C. Jacob tönte mit »Rule, Britannia!« ein musikalischer Willkommensgruß an das Schiff herüber, dazu wurden von der vollbesetzten

Terrasse weiße Servietten, Tischdecken und sogar Bettlaken geschwenkt. Gegen 1 Uhr stiegen vereinzelt Feuerwerksraketen aus dem Publikum in den Himmel, als die Landungsbrücken passiert wurden.

Tagsüber gab es für die Besucher in der HafenCity ab 10 Uhr ein Unterhaltungsprogramm mit Livemusik und Verkaufsständen. Der eigentliche Höhepunkt dieses Tages fand aber um 22 Uhr statt: Senator Michael Freytag, Wimbledonsieger Boris Becker, Schauspieler Til Schweiger und Kapitän Christopher Wells drückten auf einen Knopf, um mit der Lichtinstallation »Blue Port« die Hamburg Cruise Days offiziell zu eröffnen. Das Schiffstyphon ertönte, und von der HafenCity bis Neumühlen erstrahlte die Stadt in der Farbe des Himmels und des Meeres. Dutzende von aufwendig illuminierten Gebäuden, Brücken und Objekten stellten eine Verbindung her zwischen Hafen und Hamburgs Innenstadt, zwischen der Stadt und dem Fluss, zwischen den Kreuzfahrern und den Besuchern der Hamburg Cruise Days. Mehr als 2.000 Leuchtkörper tauchten die Szenerie in blaues Licht, das sich im Wasser der Elbe spiegelte. Ein Jahr hatte der Lichtkünstler Michael Batz an seiner Inszenierung gearbeitet, insgesamt 30 Objekte wurden einbezogen, darunter das Kreuzfahrtterminal, der Michel, der Hochbahn-Viadukt an den Landungsbrücken, die Cap San Diego und die Fischauktionshalle. Die Köhlbrandbrücke wurde beispielsweise in voller Länge von 2.000-Watt-Strahlern erleuchtet und der Sockel der Elbphilharmonie und deren fünf Baukräne mit Leuchten ausgestattet. Auch auf der Queen Mary 2 selbst waren Strahler angebracht, sodass das Schiff sich nahtlos in das Panorama einfügte.

Es gab noch einen weiteren Hauptdarsteller an diesem Tag: Commodore Bernard Warner, der ranghöchste Offizier der Cunard Line, der die Queen Mary 2 selbst mehrfach nach Hamburg gesteuert hatte, darunter am Rekordtag im August 2005, war in die Hansestadt eingeladen worden. Senator Michael Freytag bereitete einen festlichen Empfang im Rathaus. Er bat den überraschten Commodore, sich in das Goldene Buch der Stadt einzutragen – eine große Ehre für Kapitän und Reederei. Am nächsten Tag stürmten zahlreiche Schifffahrt-Fans das Alsterhaus, um Bücher und Alben von Warner signieren zu lassen. Zum Abschluss wurde im gerade eröffneten Internationalen Maritimen Museum für den Commodore ein Empfang gegeben, an dem 100 Vertreter von Hamburger Reedereien und anderen maritimen Unternehmen teilnahmen. Die Queen Mary 2 wurde dagegen dieses Mal ziemlich still verabschiedet. Als das Schiff um 3.30 Uhr nachts das Kreuzfahrtterminal verließ, winkten »nur« einige Tausend Menschen entlang des Elbufers.

# Die Flaggenparade

## 13. August 2011

Cunard Line ließ die Queen Mary 2 nun öfter nach Hamburg fahren und verzeichnete neue Passagierrekorde. Auf der Fahrt von Hamburg nach Norwegen vom 8. bis zum 13. Mai 2010 waren unter den 2.620 Passagieren rund 2.200 Reisende aus Deutschland. Aber die ganz großen Zuschauerzahlen wurden nur noch bei den Anläufen zum Hafengeburtstag erreicht. Für den 20. Anlauf mit Passagieren, die mittlerweile vier Werftaufenthalte nicht mitgezählt, wollte das Hamburger Büro wieder einen Höhepunkt setzen und dieses Jubiläum am 13. August 2011 gebührend feiern. Man entschied sich, eine Flaggenparade zu organisieren, mit dem britischen Union Jack, den amerikanischen Stars & Stripes und natürlich dem Hamburger Stadtwappen. Gemeinsam mit den Hamburger Medien wurde die »Queen Mary 2 Flag Parade« ausgerufen, in vielen Geschäften und Ständen in der Stadt konnte man sich kostenlos Papierfähnchen abholen.

*Vor den Landungsbrücken wurden an Bord die Flaggen entrollt.*

Die Hamburger nutzten die Gelegenheit und versorgten sich mit den Fahnen, wie sich am Abend des 13. August zeigte. Vor dem Ablegen der Queen Mary 2 um 18.05 Uhr versammelten sich die Menschen entlang des Kaiserkais und vor der Elbphilharmonie. Die Ausfahrt wurde zu einem Triumphzug: An den Landungsbrücken warteten Zehntausende mit ihren Flaggen. Die Queen Mary 2 stoppte im Strom, und zu den Klängen der jeweiligen Nationalhymnen wurden eine überdimensionale britische und eine amerikanische Flagge die Bordwand heruntergelassen. Dann ertönte

*999 Luftballons wurden von Bord mit Grüßen der Passagiere an die Hansestadt losgeschickt*

Heidi Kabel mit »In Hamburg sagt man Tschüss«, und die Fahne mit dem Stadtwappen glitt an der Bordwand hinab. Etwas mehr als eine halbe Stunde dauerte die Show an den Landungsbrücken, bevor die Queen Mary 2 ihre Fahrt die Elbe hinunter fortsetzte. An den Elbstränden standen die Zuschauer bis Blankenese dicht an dicht, in Wedel wurde das NDR 2-Open-Air-Konzert unterbrochen, das Schiffstyphon ertönte, und Passagiere und die rund 10.000 Konzertbesucher jubelten und winkten einander zu. Rund 200.000 Menschen nahmen an dieser Flaggenparade teil – und das beim insgesamt vierundzwanzigsten Besuch des Schiffes in Hamburg!

# *Zwei* Queens *in Hamburg*

## 15. Juli 2012

**D**as Jahr 2012 wurde vom deutschen Büro zum »Year of the Queens« erklärt. Neben sechs Atlantiküberfahrten sowie drei Nordlandreisen ab/bis Hamburg der Queen Mary 2 bezog sich dies vor allem auf den 15. Juli 2012, einen Sonntag, an dem in der Hansestadt zum

ersten Mal in der Geschichte der Reederei seit 1840 mit der Queen Mary 2 und Queen Elizabeth zwei Cunard-Königinnen gemeinsam einen deutschen Hafen anlaufen sollten.

Die Einfahrt verfolgten nur einige Tausend Zuschauer, denn die beiden Cunard Queens kamen am frühen Morgen in der Hansestadt an. Gegen 3.30 Uhr passierten sie die Lotsenstation in Finkenwerder, die Queen Elizabeth machte gegen 4.15 Uhr am Kreuzfahrtterminal Altona fest. Die Queen Mary 2 glitt langsam weiter die Elbe hinauf, passierte kurz nach 4.30 Uhr den Alten Elbtunnel und Landungsbrücken und kam gegen 5.30 Uhr am Cruise Center in der HafenCity an.

In Altona strömten den ganzen Tag Besucher auf die Aussichtsterrasse des Kreuzfahrtterminals, um die Queen Elizabeth zu bestaunen, das zweitgrößte jemals für Cunard Line gebaute Schiff. Viele fuhren dann hinüber zum Grasbrook in die HafenCity, wo den gesamten Tag über rund um das Kreuzfahrtterminal für Zuschauer das QM2 Day Village mit einem großen Gastronomieangebot aufgebaut war. So gab es hier auch die »Royal Currywurst«, die sonst exklusiv den Passagieren der Queen Mary 2 bei der Abfahrt aus Hamburg an Deck serviert wird. Die Deutsche Post hatte extra für dieses Ereignis Postkarten und einen Sonderstempel herausgebracht. Mehrere Zehntausend Menschen schauten sich bis zum Abend die Queens von Land und vom Wasser aus an, die Hafenbarkassen waren lange im Voraus ausgebucht, Busveranstalter aus der gesamten Bundesrepublik hatten Touren zu diesem Ereignis angeboten, und auch die Hotels berichteten von einer sehr guten Auslastung.

Vor allem aber freuten sich die meisten Zuschauer darauf, beide Schiffe gemeinsam auf der Elbe zu sehen. Dieses eigentliche »Treffen der Königinnen« fand dann am Abend statt: Gegen 20.40 Uhr legte die Queen Elizabeth in Altona ab und fuhr elbaufwärts Richtung HafenCity zur Queen Mary 2. Um 21.05 Uhr drehte die Queen Elizabeth im Strom auf der Höhe des Amerikahöfts und lag eine Viertelstunde später parallel zum Strandkai mit dem Heck genau vor der Queen Mary 2, sodass man beide Schiffe gemeinsam bewundern konnte. Kurze Zeit später folgte ein fünfzehnminütiges, großes Abschiedsfeuerwerk für beide Königinnen von zwei Standorten aus. Denn die Stadt hatte neben einem Standort am Strandkai auf einer Länge von 70 Metern in der HafenCity noch einen zweiten Brennplatz auf der südlichen Elbseite genehmigt, sodass die beiden Queens an insgesamt drei Stellen von dem Feuerwerk eingerahmt wurden. Während Hunderte Raketen bunte Farbbilder in den Himmel zeichneten, legte sich ein Partyschiff zwischen die beiden Luxusliner und begleitete das Lichterspiel mit einer thematisch und choreografisch passenden Musikshow, die von »Rule, Britannia!« bis zu »In Hamburg sagt man Tschüss« reichte. Gegen 21.45 Uhr verabschiedeten sich die beiden Queens voneinander, und die Queen Elizabeth lief zu einer Ostseekreuzfahrt aus, die am 24. Juli mit dem Premierenanlauf in Kiel endete. Gegen 0.30 Uhr folgte dann auch die Queen Mary 2, sie verließ Hamburg zu einer Kreuzfahrt in Richtung norwegische Fjorde und Nordkap.

# Der Zuschauererfolg zahlt sich aus

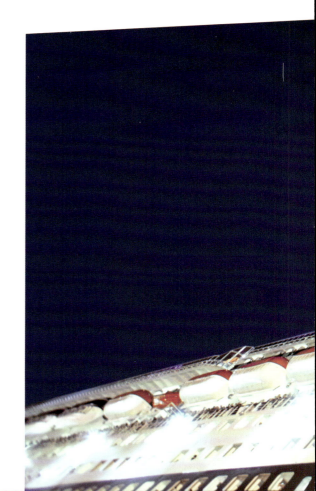

Die Beliebtheit der Queen Mary 2 in Hamburg ist ungebrochen, und die Zuschauerzahlen bei den Besuchen zogen auch viele Reisebuchungen nach sich. Wie wichtig die Hamburg-Besuche für die Reederei geworden sind, verdeutlichen folgende Zahlen: Innerhalb der ersten zehn Dienstjahre der Queen Mary 2 gelang es, die Passagierzahl in Deutschland zu verfünffachen. Der deutschsprachige Markt hat sich inzwischen zum weltweit Drittgrößten nach Großbritannien und den USA

entwickelt. Bei den Events rund um die Anläufe der Königin der Meere gibt es nicht mehr viele Steigerungsmöglichkeiten. Denkbar wäre noch ein Dreifachanlauf von QUEEN MARY 2, QUEEN VICTORIA und QUEEN ELIZABETH, wie dies in New York und in Southampton bereits geschehen ist. Die Chancen darauf sind mit dem neuen, dritten Kreuzfahrtterminal gestiegen, denn damit hat man jetzt auch in Hamburg die logistische Voraussetzung, drei Cunard-Queens auf einmal begrüßen zu können.

# WO IHNEN SELBST DIE WELLEN ZU FÜSSEN LIEGEN.
# MIT DEN QUEENS AUF HOHER SEE.

Der Alltag bleibt an Land. Willkommen an Bord. Mit der QUEEN MARY 2, QUEEN ELIZABETH und QUEEN VICTORIA sehen Sie Meer. Wellen soweit das Auge reicht. Und hinter dem Horizont erwarten Sie die schönsten Küsten, Städte und Länder. Ob Transatlantik-Passage zwischen Hamburg und New York, Norwegen-, Mittelmeer- und Karibik-Kreuzfahrt oder Weltreise: An Bord der Queens genießen Sie die feine englische Art der Seereisen. Das einzigartige Cunard Flair und der legendäre White Star Service™ lassen dabei jede Minute zu einem besonderen Moment werden.

Buchen Sie jetzt in Ihrem Reisebüro oder bei Cunard unter +49 (0)40 415 33 555.

Cunard Line • Eine Marke der Carnival plc • Brandsende 6-10 • 20095 Hamburg

**CUNARD**
www.cunard.de

Queen Mary 2

# THE QUEEN INSIDE

**1.310** KABINEN
**PENTHÄUSER** UND
LUXUXSUITEN
**SCHWIMMENDES** PLANETARIUM
**3.700 FLASCHEN WEIN**
ROYAL COURT
**THEATER**

# Ein Rundgang an Bord

Einmal mit der Queen Mary 2 über den Atlantik nach New York fahren und die grandiose Verabschiedung beim Auslaufen aus Hamburg zu erleben – das ist der Traum vieler Menschen, die das gigantische Schiff bestaunen. Aber nur wer eine Kreuzfahrt bucht oder Verwandte und Bekannte an Bord hat, bekommt neben Ehrengästen, Behörden und Medien überhaupt die Möglichkeit, die Queen Mary 2 mit ihrer ganzen luxuriösen Pracht einmal persönlich von innen kennenzulernen. Alle, die diese Gelegenheit nicht haben, nehmen wir jetzt mit auf einen Bordrundgang.

**Passagiere betreten die Queen Mary 2** über eine Gangway auf Deck 3: Nach der Kontrolle der Bordausweise mit Foto, die beim Einchecken am Terminalcounter des jeweiligen Abfahrthafens zu Beginn einer Reise angefertigt

# 1.254 Crewmitglieder

# 1.310 Kabinen

werden, gelangen die Gäste direkt in die gewaltige Grand Lobby. Das imposante Atrium ist sechs Stockwerke hoch, mit einer geschwungenen, zweiflügligen Freitreppe, über der ein riesiges Bronzerelief des britischen Bildhauers John McKenna hängt. Das 7 x 7 Meter große Relief, das rund 1,7 Tonnen wiegt, ist das gewaltigste Kunstwerk an Bord und zeigt die erste QUEEN MARY vor einer Windrose und einer Karte des Nordatlantiks.

IN DER GRAND LOBBY warten bereits die berühmten Cunard Bellboys in roter Livree und mit weißen Handschuhen, um die Passagiere zu ihrer Kabine zu geleiten. Um schwere Koffer muss sich kein Gast selbst kümmern, diese wurden beim Check-in abgegeben und werden auf die Kabine geliefert. So bleibt genügend Zeit und Ruhe, um den Blick durch die prachtvolle Grand Lobby schweifen zu lassen und den ersten Eindruck von der luxuriösen Ausstattung zu gewinnen. Auf der gegenüberliegenden Seite der zweiflügligen Freitreppe fahren zwei gläserne Panoramafahrstühle bis auf Deck 7 direkt in das King's Court Restaurant. Schaut man über das Geländer nach unten, so erblickt man auf Deck 2 die Rezeption (Purser's Office) und einen runden, offenen Aufenthaltsraum mit Sofas und Sesseln, der von einer riesigen Vase mit täglich gepflegten Blumen dominiert wird. Daneben steht ein Flügel, hier finden nachmittags Konzerte statt.

JE NACHDEM, WO IHRE KABINE LIEGT, werden die Neuankömmlinge von ihrem Bellboy in die breiten Korridore Richtung Bug oder Heck geführt, wo sich die Fahrstühle

*Die Duplex Suiten haben zwei Ebenen, oben befinden sich Schlafzimmer, ein Bürobereich, eine Galerie sowie zwei Badezimmer.*

befinden, und zu ihrer Unterkunft gebracht. Die Decks 4, 5 und 6 sind Passagierkabinen vorbehalten. 1.017 der 1.310 Kabinen haben Meerblick, 955 davon verfügen über einen Balkon, 31 sind behindertengerecht ausgebaut. Der Cunard-Tradition entsprechend, entscheiden Gäste mit der Buchung Ihrer Unterkunft, in welchem der Hauptrestaurants sie speisen. Mit der Wahl der Kabine oder Suite ist automatisch eine Tischreservierung in einem der À-la-carte-Restaurants verbunden, in dem man täglich das Frühstück, Mittag- und Abendessen genießen kann. Zur

*Begrüßungssekt gibt es selbst in den Außenkabinen ohne Balkon.*

Auswahl stehen das herrschaftliche Britannia Restaurant, das darin abgeteilte Britannia Club Restaurant, das exklusive Princess Grill Restaurant und das luxuriöse Queens Grill Restaurant.

Selbst in der untersten Kategorie, den 293 Innenkabinen und 62 Außenkabinen ohne Balkon, stehen noch 18 Quadratmeter mit Schreibtisch und einer Sitzecke zur Verfügung. Die 782 Standardaußenkabinen sind deutlich größer als auf anderen Schiffen und verfügen über 23 bis 25 Quadratmeter sowie einen verglasten Balkon. Alle diese Kategorien speisen im Britannia Restaurant. Die 76 Juniorsuiten sind 35 Quadratmeter große Außenkabinen mit Balkon und einer Sitzecke für bis zu fünf Personen. Die Bewohner bekommen kostenlos frische Früchte sowie Kanapees und haben Zugang zum Princess Grill. Sieben Juniorsuiten können zu einem einzigen Bereich zusammengeschlossen werden, eine beliebte Option bei Wohlhabenden auf Familienausflug. Bei 47 Quadratmetern fangen die 82 Suiten an, die mit Balkon, einem Dinnerbereich mit Tisch und Sitzplätzen für sechs Personen, einer Bar mit kostenlosen Getränken und einem Whirlpool ausgestattet sind. Ab dieser Kategorie ist der 24-Stunden-Butler-Service inklusive, die Mahlzeiten werden im Queens Grill eingenommen.

*Schlafzimmer und Galerie der Duplex-Suiten sind ebenso großzügig ausgestattet wie das Marmorbad (unten links).*

**DIE SECHS PENTHÄUSER** reichen von 54 bis 71 Quadratmeter, sind aufgeteilt in ein Wohn-, Ess- und Schlafareal und haben zusätzlich ein Gästebadezimmer. Die beiden Royal Suites – Queen Anne Suite und Queen Victoria Suite – befinden sich auf Deck 10 vorne Richtung Bug, haben eine fantastische Aussicht und sind 74 Quadratmeter groß. Sie können mit den beiden nebenan gelegenen 111 Quadratmeter großen Suiten, nach Queen Mary und Queen Elizabeth benannt, zu einer Wohnfläche von 370 Quadratmetern zusammengeschlossen werden – Wirtschaftsgrößen,

Rockstars oder arabische Scheichs machen des Öfteren von dieser Möglichkeit Gebrauch. Die drei Duplex-Suiten sind nach britischen Palästen benannt – Buckingham-, Windsor- sowie Holyrood-Suite – und zwischen 137 und 145 Quadratmeter groß. Sie sind nebeneinander auf Deck 9 auf zwei Ebenen untergebracht. Im oberen Stock, zu dem eine geschwungene Treppe führt, hat man vom Schlafzimmer durch eine große Fensterfront, die bei Bedarf mit automatischen Jalousien abgedunkelt werden kann, einen herrlichen Blick auf das Meer. Zwei Badezimmer mit Whirlpool, ein begehbarer Kleiderschrank von fünf Meter Länge und ein Bürobereich befinden sich ebenfalls auf dieser Ebene. Im unteren Stockwerk ist neben dem großen Wohnzimmer mit riesigem Plasmabildschirm ein Essbereich für bis zu acht Personen untergebracht, außerdem gibt es einen 17 Quadratmeter großen Außenbereich aus Teakholz mit Liegestühlen, Tischen und Sitzplätzen. Der Außenbereich liegt sichtgeschützt direkt über dem Sonnendeck 8 am Heck. Diese drei Suiten können nicht nur untereinander verbunden werden, sondern auch mit den beiden größten Suiten an Bord, den Back- und Steuerbord daran anschließenden Grand Duplex Apartments, der Balmoral- und der Sandringham-Suite mit jeweils 209 Quadratmetern. Der dann entstehende Wohnkomplex ist 663 Quadratmeter groß mit einem umlaufenden Außenbereich von 174 Quadratmetern! Die beiden Grand Duplex Apartments sind genauso ausgestattet wie die drei Duplex-Suiten, sind aber großzügiger eingerichtet und bieten dadurch mehr Platz.

NACHDEM DIE GÄSTE sich in ihrer Kabine eingerichtet haben, steht noch vor dem Auslaufen die obligatorische Seenotrettungsübung an. Die orangefarbenen Rettungswesten befinden sich im Kleiderschrank, an der Kabinentür hängt innen ein Plan, wo sich die Passagiere im Notfall einfinden sollen. Diese sogenannte Muster Station ist nach Lage der Kabine zugeteilt und befindet sich in der Nähe von Treppenhäusern und Türen, die auf ein Außendeck führen. Viele dieser Sammelstationen sind auf Deck 7. Während der Seenotrettungsübung wird den Passagieren das Notfallprozedere in mehreren Sprachen erklärt, die Anwesenheit der Passagiere wird geprüft und abgehakt.

DIE MEISTEN NEUEN GÄSTE gehen nach absolvierter Seenotrettungsübung auf Erkundungstour und starten von der schon bekannten Grand Lobby aus. Der breite Korridor, der von dort an den Fahrstühlen vorbei in Richtung Heck führt, endet am Britannia Restaurant. Das Hauptrestaurant der QUEEN MARY 2 ist drei Decks hoch und mit klassischen

# 10 Restaurants

Säulen, einer zweiflügligen, geschwungenen Freitreppe sowie einem gewaltigen Oberlicht in der Mitte ausgestattet. Insgesamt speisen hier bis zu 1.349 Gäste in zwei Sitzungen, 803 im unteren Bereich auf Deck 2, 546 ein Deck höher auf geschwungenen Balkonen. An der Stirnwand des Restaurants, gleich neben dem Kapitänstisch, hängt der riesige Wandteppich der niederländischen Textildesignerin Barbara Broekman, der die QUEEN MARY vor der Skyline Manhattans darstellt, umweht von zahlreichen bunten Luftschlangen. An das Britannia Restaurant schließt sich die für Gäste nur bei Führungen zugängliche Hauptküche auf Deck 2 an.

DIE QUEEN MARY 2 hat insgesamt 15 Decks, die untersten vier – Doppelboden, Deck B, Deck A und Deck 1 – sind mit Ausnahme von wenigen Räumen auf Deck 1 ausschließlich der Crew vorbehalten, Passagiere haben keinen Zutritt. Im Doppelboden-Deck sind die Motoren, Maschinen und Leitungen untergebracht. Mit der Frischwasseraufbereitungsanlage der QUEEN MARY 2 können aus dem Meer mit drei Entsalzungseinheiten jeden Tag bis zu 1,9 Millionen Liter Trinkwasser gewonnen werden. Der tägliche Verbrauch beträgt ungefähr 1,1 Millionen Liter, das sind etwa 302 Liter pro Person an Bord. Darin ist nicht nur der

# KUNST AN BORD

Für den Ankauf von Kunstwerken bewilligte die Reederei Cunard Line insgesamt fünf Millionen Dollar. Die Auswahl und Beschaffung der einzelnen Kunstwerke oblag der Amsterdamer Firma Onderneming & Kunst, die sich auf die Ausstattung von Luxusschiffen spezialisiert hat. Die niederländischen Experten ließen von 128 Künstlern aus 16 Ländern 1.300 Original-Kunstwerke herstellen, hinzu kamen gut 4.000 limitierte Drucke. Allein die Kabinen an Bord des Luxusliners wurden mit rund 3.400 Bildern ausgestattet. Die restlichen Kunstwerke dekorieren die öffentlichen Räume wie den Ballsaal Queen's Room, die Lobby, Lounges, Foyers und Bars, das Theater, die Bibliothek, den Health-Spa-Bereich, das Casino oder auch die unterschiedlichen Restaurants an Bord.

Das gewaltigste Kunstwerk auf der QUEEN MARY 2 ist das große Bronzerelief des britischen Bildhauers John McKenna, das in der Grand Lobby hängt. Das 7 x 7 Meter große Relief, das rund 1,7 Tonnen wiegt, zeigt die erste QUEEN MARY vor einer Windrose und einer Karte des Nordatlantiks. Der wohl am aufwendigsten hergestellte Kunstgegenstand an Bord hängt an der Stirnwand des Britannia Restaurants, gleich neben dem Kapitänstisch. Der 7 x 4 Meter große Gobelin nutzt nahezu die gesamte Höhe des Raumes aus. Der Wandteppich der niederländischen Textildesignerin Barbara Broekman stellt die QUEEN MARY vor der Skyline Manhattans dar, umweht von zahlreichen bunten Luftschlangen. Allein das Weben des riesigen Wandteppichs dauerte neun Monate.

**Die Treppenhäuser zieren** insgesamt 30 Ölgemälde des berühmten britischen Marinemalers Stephen Card. Sie zeigen die berühmtesten Cunard-Schiffe, von der Britannia bis hin zur Queen Mary 2. Im Treppenhaus C beim Britannia Restaurant kann man am besten einen Eindruck bekommen, dort hängen die Gemälde auf jedem Absatz von Deck 1 bis 10. Einzige Deutsche unter den 128 internationalen Künstlern ist Karin Kneffel, Meisterschülerin von Gerhard Richter und Professorin an der Hochschule für Künste in Bremen. Sie malte acht großformatige Ölbilder, die allesamt Früchte zeigen.

persönliche Verbrauch von Passagieren und Crew enthalten, sondern auch die Wassermenge, die Küchen, Wäscherei und Bars benötigen. Auf Deck B befinden sich Lagerräume, Wäscherei und Reinigung sowie Freizeiteinrichtungen für die Crew, vom Kino bis zum Fitnesscenter. Der größte Teil der Mannschaft wohnt auf der gesamten Länge von Deck A und dem darüberliegenden vorderen Teil von Deck 1. Auf diesem Deck sind mittschiffs auf der Steuerbordseite die Messen für Mannschaft und Offiziere zu finden, etwas weiter hinten zum Heck liegt der Crew Pub »Pig & Whistle«.

PASSAGIERE, DIE AUF LANDAUSFLUG GEHEN, kennen die vier Tenderstationen (Embarkation Lounges), die jeweils nach einem Londoner Stadtbezirk benannt sind: Belgravia, Chelsea, Kensington und Knightsbridge. An Seetagen werden in diesen Räumen auch Fitnesskurse, Kartenspiele und andere gesellschaftliche Aktivitäten angeboten. Am Ende einer Reise werden hier die Koffer der Gäste gesammelt und an Land gebracht. Neben der Belgravia-Lounge liegen Arztpraxis und das Schiffskrankenhaus. Das Hospital verfügt über zehn Betten, von denen drei mit allen notwendigen Vorrichtungen und Geräten für Intensivpatienten ausgestattet sind. Darüber hinaus gibt es eine Isolierstation für ansteckende Krankheiten. Bis zu zwei Ärzte, vier Krankenschwestern, ein

Apotheker, ein Physiotherapeut und zwei medizinisch-technische Assistenten sind an Bord, bei Weltreisen auch ein Zahnarzt, der über eine vollständig eingerichtete Praxis verfügen kann. Das hintere Ende von Deck 1 ist Lager- und Kühlräumen für die direkt darüber befindliche Hauptküche hinter dem Britannia Restaurant vorbehalten.

WER AN DEM HAUPTRESTAURANT VORBEIGEHT, gelangt auf Deck 3 zum Queen's Room und zur Diskothek G 32. Bei der Gestaltung des Queen's Room mit seiner großen Parketttanzfläche stand der Ballsaal des Cunard Liners BERENGARIA mit seiner Pracht der Goldenen Zwanziger Pate. 562 Gäste können rund um die Tanzfläche des 980 Quadratmeter großen Saales sitzen. Nachmittags wird hier der englische High Tea mit Obern in weißer Livree und weißen Handschuhen zelebriert, hier finden außerdem der Kapitänsempfang und Cocktailpartys sowie Bälle und Tanzveranstaltungen statt. Ein gewaltiger Kronleuchter hängt über dem Parkett, an das sich die Bühne für die Bands anschließt, die in einen Halbkreis eingefasst ist. Die Diskothek ist nach der Baunummer des Schiffes, G 32, benannt und mit einer halbrunden Bar und Bildschirmen über der Tanzfläche ausgestattet. Hier gibt es eine zweite Ebene, vom Balkon blickt man auf die Tanzfläche hinab.

# 2.500 Flaschen Champagner

## SPEISEN AN BORD

Die QUEEN MARY 2 bietet zahlreiche Möglichkeiten zu dinieren. Ob stilecht in einem der drei Hauptrestaurants, leger in einem der Themenrestaurants des King's Court Buffet Restaurants, mit dem leckeren Snack an Deck im Boardwalk Café oder raffiniert zubereitet im Todd English Restaurant. Vom Early-Bird-Frühstück ab 6 Uhr bis hin zum Mitternachtsbüfett, die Reederei Cunard Line verwöhnt die Gaumen ihrer Gäste. Etwa 16.000 Mahlzeiten werden täglich auf der QUEEN MARY 2 zubereitet, denn auch die Besatzung von über 1.300 Mann muss verpflegt werden, und täglich werden mehr als 30 Menükarten zusammengestellt. Eine gewaltige Logistik führt dazu, dass – selbst während einer Mahlzeit mit mehr als 1.000 Gästen im

# 16.000 Mahlzeiten

Britannia Restaurant – an einem Tisch mit zehn Personen, ohne lange warten zu müssen, jeder zur selben Zeit das gewünschte Essen erhält, auch wenn unterschiedliche Speisen bestellt wurden.

Die notwendige Organisation und Vorbereitung spielt sich größtenteils in den für Passagiere nicht zugänglichen Bereichen ab: in den Lager- und Kühlräumen im Bauch des Schiffes sowie den vielen Vorbereitungsstationen. Dies reicht von den Gemüseputzern und -schneidern über die fachgerechte Zerlegung von Fisch und Fleisch bis hin zu Köchen, die auf die Herstellung von Soßen spezialisiert sind. Die Hauptküche befindet sich hinter dem Britannia Restaurant, hier hat der Küchenchef sein Büro und leitet eine Brigade von 150 Köchen und 85 Küchenhilfen aus aller Herren Länder. Jedes Restaurant hat seine eigene Küche mit eigenem Chefkoch und seiner Mannschaft. In der Hauptküche kümmern sich zwölf Mitarbeiter in der kalten Küche um die Vorspeisen, im warmen Bereich sind 48 Mann im Einsatz, den Nachtisch stellen acht Patissiers her. Die anderen Küchenkräfte sind vor allem in der Vorbereitung im Einsatz, dabei werden nicht nur säckeweise Kartoffeln oder Gemüse geschnitten, es gibt eigene Fleisch-, Fisch-, Suppen- und Soßenküchen an Bord. Ein Bäcker- und ein Konditormeister mit jeweils mehreren Bäckern und Helfern stellen für alle Restaurants täglich Brotspezialitäten, Brötchen sowie Gebäck und Torten u. a. für die traditionelle Tea Time her. Dazu kommen noch die Gemüseschnitzer, die z. B. aus Tomaten

kunstvolle Rosen zur Dekoration der Speisen zaubern. Wahre Künstler sind auch die Eisskulpteure, die mit einer kleinen Kettensäge mächtige Figuren für die Büffets herstellen. Für Sauberkeit sorgen insgesamt rund 90 Tellerwäscher und Reinigungskräfte mithilfe von gewaltigen Geschirrspülmaschinen. Zwei Hygieneoffiziere wachen darüber, dass alle Qualitätsstandards in diesem Bereich eingehalten werden.

Der Cunard-Tradition entsprechend, entscheiden Gäste mit der Buchung ihrer Unterkunft, in welchem der Hauptrestaurants sie speisen. Mit der Wahl der Kabine oder Suite ist automatisch eine Tischreservierung in einem der À-la-carte-Restaurants verbunden, in dem man täglich das Frühstück, Mittag- und Abendessen genießen kann. Zur Auswahl stehen das herrschaftliche Britannia Restaurant, das darin abgeteilte Britannia

*Jakobsmuscheln, Lammrücken und feinstes Gebäck. Die Haute Cuisine an Bord gehört für die Passagiere zu den Highlights.*

Club Restaurant, das exklusive Princess Grill Restaurant und das luxuriöse Queens Grill Restaurant. Neben den Restaurants kann man auch im Golden Lion Pub auf Deck 2 speisen, wo es traditionelle Pubgerichte wie z. B. Shepherd's Pie, Club Sandwich oder Fish and Chips gibt, oder gegenüber in der Weinbar Sir Samuel's, wo z. B. Quiche Lorraine gereicht wird. Im Queens Room, dem großen Ballsaal, nimmt man stilvoll in viktorianischer Atmosphäre den nachmittäglichen High Tea ein – klassisch mit Cucumber Sandwiches und Scones, serviert von Kellnern mit weißen Handschuhen. Und wem das üppige Mahlzeitenangebot nicht ausreicht oder wen mitten in der Nacht der Hunger quält, der kann rund um die Uhr auf den Zimmerservice zurückgreifen und sich kostenlos Suppen, Salate, Sandwiches, Nudeln, Burger oder Steaks auf die Kabine bestellen.

**Wer das Britannia Restaurant** auf Deck 3 durch den vorderen Eingang verlässt, kommt an drei Bars vorbei. Auf der Steuerbordseite befindet sich der Chart Room, eine Cocktailbar nach dem Vorbild der Queen Elizabeth 2 mit einer Theke im Halbkreis und 75 Sitzplätzen. Daran schließt die erste Veuve-Cliquot-Champagnerbar auf See an, mit 61 Sitzplätzen und acht Barstühlen. Backbord betritt man die für 60 Gäste ausgelegte Weinbar Sir Samuel's, in der auch regelmäßig Weinproben stattfinden. Rund um die offene Grand Lobby liegen die Geschäfte, neben Schiffsouvenirs kann man Schmuck, Parfüm und Kleidung erwerben. Der anschließende Hauptgang führt an sechs Fahrstühlen vorbei zu einer Stirnwand mit einem zwei Meter hohen Konterfei des Gründers Samuel Cunard. Geht man näher an dieses Bild heran, erkennt man die eigentliche Raffinesse: Der Kopf ist wie ein Computerbild aus einzelnen Pixeln zusammengesetzt, die Bildpunkte sind die 234 Cunard-Schiffe der Reedereigeschichte bis zum Bau der Queen Mary 2.

**An das Bild** schließen die Eingänge des Royal Court Theatre an, das nach dem Londoner Vorbild am Sloane Square benannt ist. Das Theater fasst insgesamt 1.094 Zuschauer.

*Im Royal Court Theatre treten Nachwuchstalente der renommierten Londoner Royal Academy of Dramatic Art auf.*

Wenn man auf Deck 3 eintritt, blickt man vom umlaufenden Balkonrang mit 470 roten Samtsesseln auf das Parkett ein Deck tiefer, wo 624 Zuschauer sitzen können. Die Bühnentechnik, die von einem Regieraum im oberen Rang aus gesteuert wird, steht den modernen Bühnen der Theater an Land in nichts nach. Die Vorbühne reicht in das Publikum hinein, auf der Hauptbühne ist eine drehbare Plattform mit unterschiedlichen Höhenstufen untergebracht. Der Clou ist der Orchestergraben, der auf Höhe des Zuschauerraumes angehoben werden kann, nach dem berühmten Vorbild in der New Yorker Radio City Music Hall.

HINTER DEM THEATER befindet sich das bislang einzige Planetarium auf hoher See. Das »Illuminations« verfügt über 150 Sitzplätze für die Darstellungen in der mächtigen Kuppel, kann bei Bedarf aber auch in ein Kino, in ein Theater oder in einen Lesesaal mit 493 Plätzen umgewandelt werden. Hier werden professionelle Sternenkunde-Vorträge gehalten, Astronomie-Shows und »Virtual-Reality«-Filme gezeigt. Der Kuppelsaal ist mit sechs Sky-Cam-Projektoren ausgerüstet, die Bilder in das verstellbare und absenkbare Kuppelinnere werfen. Die im Illuminations gezeigten Sternenkarten und -bilder gleichen denen der Observatorien in London oder New York. An das Planetarium schließt sich

*Ein schwimmendes Planetarium. Kein anderes Schiff bietet einen so exklusiven Blick in die Sterne.*

das Konferenzzentrum ConeXXions an, insgesamt umfasst dieser Bereich sieben Schulungsräume für 227 Personen. Zwei Räume sind als Computerschulungszentrum eingerichtet, außerhalb des Unterrichts können Passagiere hier im Internet surfen oder E-Mails abrufen. Die Gänge, die Back- und Steuerbord vom ConeXXions zum Bug führen, sind eine Fundgrube für Geschichts- und Schiffsliebhaber. Auf Videobildschirmen und Schautafeln des sogenannten Maritime Quest werden Reederei- und die damit verbundenen Ereignisse der Weltgeschichte gezeigt. Gerade an Seetagen lässt es sich hier herrlich stöbern und z. B. entdecken, welche berühmten Persönlichkeiten sich auf Schiffen der Cunard Line verwöhnen ließen.

DER REICH MIT SCHAUTAFELN bebilderte Gang führt zurück zur Grand Lobby, von wo man am besten einen der

beiden gläsernen Fahrstühle auf der gegenüberliegenden Seite der Freitreppe nimmt, um auf Deck 7 zu gelangen. Zuvor lohnt sich ein Blick in Richtung der Glasumrandung in den Zwischenraum der Lifte auf Deck 3: Dort befindet sich die Schiffsglocke der QUEEN MARY 2, die jeden Mittag von einem Offizier um Punkt 12 Uhr geschlagen wird. Die Fahrt der gläsernen Fahrstühle endet auf Deck 7 direkt im King's Court Restaurant. Das Büffetrestaurant mit mehr als 600 Sitzplätzen ist die legere Alternative zum À-la-Carte-Essen in den Hauptrestaurants. Abends wird das King's Court Restaurant mit Stellwänden in vier Themenrestaurants mit festem Speiseplan verwandelt: Das La Piazza mit italienischen Spezialitäten, die Carvery lockt mit Fleischgerichten, das Lotus bietet asiatische Küche. Das beliebte Show Cooking, bei dem ein Koch vor den Augen der Gäste das Menü vorbereitet, das anschließend verzehrt wird, findet in der Chef's Galley statt.

# EIN SCHWIMMBECKEN VOLLER TEE

Nicht nur die Ausmaße der Queen Mary 2 sind beeindruckend. Rekordverdächtige Zahlen liefern auch die Küchen der insgesamt acht Restaurants sowie die Bars mit ihrem Verbrauch. Die größte Gefahr für Passagiere der Atlantikpassage geht heute nicht mehr von Eisbergen aus, sondern von Eisbomben.

Auf einer sechstägigen Atlantikreise werden von den Passagieren verzehrt:

| | |
|---|---|
| 15.200 kg | Gemüse |
| 11.000 kg | Früchte |
| 9.800 kg | Rindfleisch |
| 6.500 kg | Schweinefleisch |
| 500 kg | geräucherter Schinken |
| 2.800 kg | Geflügel |
| 2.400 kg | Fisch |
| 1.400 kg | Meeresfrüchte, Krabben, Muscheln |
| 20 kg | Kaviar |
| 1.800 kg | Käse |
| 1.400 kg | Joghurt, Quark und ähnliche Milchprodukte |
| 1.800 kg | Speiseeis |
| 720 kg | Sahne |
| 4.000 kg | Mehl |
| 36.000 | Eier |
| 2.700 kg | Reis |
| 2.800 kg | Kartoffeln |
| 20.000 l | Milch |
| 13.500 l | Kaffee |
| 1.900 kg | Zucker |
| 6.000 Fl. | Bier |
| 3.700 Fl. | Wein |
| 2.500 Fl. | Champagner |

*420.000 Packungen Müsli* und 1.575.000 Liter Saft werden pro Jahr verbraucht. Der mit 135.000 Teebeuteln zubereitete Tee würde ein 50 Meter langes Schwimmbecken füllen. 1,5 Millionen Longdrinks, Schnäpse und Cocktails werden ausgeschenkt. Außerdem verwendet die schiffseigene Bäckerei fast 8.000 Mehlsäcke – gestapelt ergebe das einen Berg, der fünfmal höher ist als der Eiffelturm. Die Passagiere essen etwa 90 Tonnen Ananas und greifen zu 540.000 Zahnstochern. Und mit dem verbrauchten Toilettenpapier könnte man die Erde rund fünfmal umwickeln.

*Ruheoase: Das Spa sorgt für Entspannung an Bord.*

**ACHTERN LIEGEN** hinter dem King's Court Restaurant die beiden Restaurants für die Kabinen der gehobenen Kategorie. Im Princess Grill können bis zu 178 Gäste speisen, im Queens Grill bis zu 200 Personen. Hier liegt auch die Queens Grill Lounge, die ausschließlich Gästen dieser Suitenkategorie vorbehalten ist und neben einer Bar gemütliche Sitzgelegenheiten bietet. Verlässt man den King's Court auf der anderen Seite Richtung Bug, gelangt man in den Winter Garden, der den Räumlichkeiten auf den alten Ozeanlinern nachempfunden und mit Pflanzen ausgestattet ist. Hier finden regelmäßig Kunstauktionen und Gesellschaftsspiele statt, außerdem wird, wie im Queen's Room, nachmittags der High Tea zelebriert.

An den Winter Garden schließt sich der über zwei Ebenen erstreckende, rund 2.000 Quadratmeter große Bereich des Canyon Ranch SpaClubs an. Canyon Ranch ist eine bekannte US-amerikanische Marke, die große Wellnessfarmen betreibt. Die riesigen Marmormuscheln rund um den Entspannungspool mit seinem künstlichen Wasserfall stammen von dem kanadischen Künstler Michael Binkley. In der oberen Etage befinden sich Kosmetikstudios und der Friseur, auf Deck 7 Spa und Fitnesscenter. Neben dem großen Entspannungsbecken mit Wasserfall und großem Whirlpool verfügt das Spa über einen Thalasso Pool, einen Ruheraum mit kostenlosen Säften und 15 Kabinen für Therapie und Behandlung. Einmalig ist die nur mit den Füßen ausgeführte Ashiatsu-Massage, bei der sich die Therapeutin an zwei Barrenstangen über dem Massagetisch festhält. An das Spa schließt sich das Fitnesscenter mit 16 Laufbändern sowie vielen weiteren Ausdauer, Kraft und Beweglichkeit trainierenden Geräten an, dessen Benutzung kostenlos ist.

Deck 7 ist das erste mit einem umlaufendem Außenbereich, insgesamt ist das Promenadendeck 620 Meter lang und wird von vielen Passagieren zum Joggen oder Spazierengehen genutzt. Über diesem Deck sind die Rettungsboote und -inseln angebracht. Bei schönem Wetter sind die Stahltüren zum Vordeck geöffnet, hier sind die aus gebürstetem Stahl angefertigten Ersatzflügel für die Propeller des Schiffes aufrecht montiert – von vielen Gästen zunächst fälschlicherweise für Kunstwerke gehalten. Wer von hier aus nach oben schaut, sieht die mächtige Brückenkonstruktion fünf Stockwerke höher über sich thronen.

Am anderen Ende des Promenadendecks am Heck kommt man auf die zweite Ebene des terrassenförmig abgestuften Hecks, Deck 7 bietet das erste Sonnendeck. Ein Deck höher befindet sich der Terrace Pool, dessen Benutzung Erwachsenen vorbehalten ist. Das Sonnendeck mit der Terrace Pool Bar ist bei gutem Wetter ein beliebter Aufenthaltsort. Die Freifläche der Bar verwandelt sich abends in wärmeren Gefilden zum Außenbereich des Todd English Restaurants. Todd English ist in den USA mit seiner Nobelrestaurantkette »Olives« sehr bekannt, nach seinen Rezepten werden auf der Queen Mary 2 leichte, schmackhafte Gerichte serviert. Das Todd English

Restaurant ist dem Verandah Grill auf der Queen Mary nachempfunden und bietet 165 Plätze. Das Essen im Todd English Restaurant war im ersten halben Jahr nach Indienststellung des Schiffes kostenlos, da es aber regelmäßig zu Gedränge um die Plätze kam, führte die Reederei eine Gebühr ein: 20 Dollar pro Person für das Mittagessen, 30 Dollar am Abend. Seitdem geht es gesittet zu – das Restaurant ist aber immer noch gut besucht, und es empfiehlt sich, rechtzeitig zu buchen.

Weiter vorn auf Deck 8 befindet sich die größte schwimmende Bibliothek mit mittlerweile mehr als 10.000 Büchern in edlen verglasten Holzvitrinen. Zwei Bibliothekarinnen wachen über die Sachbücher und Romane, die mittlerweile in zwölf Sprachen angeboten werden. Rund 600 deutsche Bände sorgen für Kurzweil, die Auswahl wird regelmäßig ergänzt, auch von Passagieren liegen gelassene Bücher werden eingegliedert. Auch Hörbücher und CD-ROMs stehen zum Verleih. Einer der schönsten und ruhigsten Plätze an Bord ist der vordere Bibliotheksbereich, in dem Sofas und Lesesessel stehen. Durch die Panoramafenster hat man nahezu den gleichen Blick wie die Bewohner der Luxussuiten oder die Offiziere auf der Brücke ein paar Decks höher.

Einen ähnlichen Blick bietet tagsüber der Commodore Club auf Deck 9, dessen Panoramafenster abends abgedunkelt werden, um die Brückenbesatzung nicht zu blenden. Die Cocktailbar nimmt die gesamte Breite der Schiffsfront ein und bietet Platz für 115 Gäste. Hinter der lang gezogenen Bar steht in einer Vitrine ein dreieinhalb Meter langes maßstabsgetreues Modell der Queen Mary 2, das der Niederländer Henk Brandwijk in Handarbeit angefertigt hat. Das Modell ist aus Holz und mit dem Original-Schifflack gestrichen. Abends wird das Modell mithilfe von rund 2.400 Glasfaserkabeln von innen illuminiert. Brandwijk arbeitete rund ein Jahr lang zwölf Stunden pro Tag, um die maßstabsgetreue Miniatur fertigzustellen. An den Commodore Club schließt sich Steuerbord die Zigarrenlounge Churchill's an, mit gemütlichen Ledersesseln und einem großen Humidor. Auf der Backbordseite hinter dem Commodore Club ist der Boardroom, der für kleine gesellschaftliche Runden bis 20 Personen genutzt wird. Bis auf die Concierge Lounge, einem Service der Reederei für die Suitengäste, die hier per Satellit auf das Schiff gesendete Tageszeitungen lesen, Ausflüge buchen und Hotelreservierungen vornehmen können, sind Deck 9 und 10 ansonsten Passagierkabinen vorbehalten.

*Bücher können die Passagiere zu Hause lassen. Die Bibliothek bietet eine große Auswahl, die für Kurzweil und Bildung gleichermaßen sorgt.*

Auf Deck 11 befindet sich mit dem Atlantic Room ein etwas größeres Pendant zum Boardroom, hier können bis zu 50 Personen sitzen oder ein Stehempfang für bis zu 100 Personen ausgerichtet werden. Die Observation Lounge, eine Aussichtsplattform im Freien mit exzellentem Blick über den Bug zum Horizont, ist das Highlight auf Deck 11. Hierhin führen von Deck 7 zwei gläserne Panoramafahrstühle. Die Fahrt hinauf gehört zu den Dingen, die man an Bord unbedingt gemacht haben sollte, es bietet sich ein grandioser Blick entlang der Seiten des Schiffes.

Neben dem Atlantic Room ist der durch eine schwere Stahltür mit einem Zahlenschloss gesicherte Zugang zur Brücke. Ab und an ist dieser Durchgang geöffnet, der genaue Zeitpunkt wird in der täglich erscheinenden Bordzeitung bekannt gegeben. Dann können Passagiere durch eine Glasscheibe das Treiben auf der Brücke besichtigen und dürfen auch fotografieren. Brückenführungen für Gäste werden nicht veranstaltet. Direkt neben der Brücke auf der Steuerbordseite unterhalb der Nock (seitlich über die Bordwand hinausragender Brückenflügel) befinden sich das Büro und die Unterkunft des Kapitäns mit eigenem kleinen Balkon. In den Boden beider Flügel sind große Glasplatten eingelassen, der Steuermann hat freie Sicht nach unten und kann so beim

*Sicherheit hat höchste Priorität. Auch modernste Technik kann die Erfahrung der Offiziere nicht ersetzen.*

Anlegen die Entfernung zu den Kaianlagen besser einschätzen. Auf beiden Brückenflügeln befinden sich jeweils Pulte mit Steuer- und Computerelementen, das Schiff kann auch von hier aus manövriert werden. Mit einer Brückenhöhe von knapp 45 Metern ist der Horizont ungefähr 25 Kilometer entfernt, durch ihre Höhe über der Wasserlinie sind andere Schiffe aber aus noch weiterer Entfernung sichtbar.

DIE BRÜCKENMITTE ist mit Bildschirmen gespickt: Das Herzstück bildet das Manta-System, fünf große Bildschirme, auf denen die wachhabenden Offiziere sich elektronische Seekarten, Radarpositionen, Kollisionswarner und das Sicherheitssystem in unterschiedlichen Größen und Auflösungen anzeigen lassen können. Alle Daten sind auch über einen einzigen Bildschirm abrufbar, sodass auf mehreren Bildschirmen verschiedene Situationen und Szenarien durchgespielt oder geplant werden können. Die QUEEN MARY 2 verfügt über ein sogenanntes Dynamisches Positionssystem (DP), das die aktuelle Position des Schiffes auf den Meter genau anzeigt. Das DP arbeitet mit verschiedenen Sensoren, die Windstärke, Kurs, GPS-Position und Wellenbewegung in ein Computerprogramm einbringen, das vorausberechnet, wie Pods und Bugstrahlruder eingestellt

# 360 Grad Rundumsicht

werden müssen, um den geplanten Kurs zu halten. Zwei voneinander unabhängige elektronische Seekarten- und Kursplanungsinstrumente zeigen die aktuelle oder eine gewünschte Route an.

EIN GPS (GLOBAL POSITIONING SYSTEM), das 24 Satelliten benutzt, errechnet die aktuelle Position wie bei einem Navigationssystem im Pkw. Zwei elektronische Kreiselkompasse speisen in das Manta-System den tatsächlichen Nordpunkt ein, ein magnetischer Kompass den Nordpunkt anhand des Erdmagnetfeldes. Zusätzlich bestimmt auf jeder Wache ein Offizier die Position anhand der Sonne oder der Sterne und vergleicht die errechnete Position mit der vom Kompass angegebenen, um eventuelle Abweichungen zu bemerken. Denn der Magnetkompass wird durch das Magnetfeld rund um das Schiff mit seiner Stahlhülle und den elektronischen Geräten beeinflusst. Fünf Radarscanner sorgen für Sicherheit auf See. Vier der Scannerantennen sind am Hauptmast angebracht, die fünfte am Heck. Mit dem ARPA-System (Automatic Radar Plotting Aid) können bis zu 40 Objekte gleichzeitig auf den Bildschirmen verfolgt werden. Kurs und Geschwindigkeit der erfassten Schiffe werden genauso angezeigt wie Distanz und Zeitpunkt der vorausberechneten nächsten Annäherung an die QUEEN MARY 2. Das ARPA-System dient als Kollisionswarner ähnlich wie bei Flugzeugen. Da die QUEEN MARY 2 bei 28 Knoten einen Notbremsweg von etwa 2,7 Kilometer hat, steuern die Offiziere das Schiff immer mindestens eine Seemeile (1,85 Kilometer) von anderen Schiffen entfernt. Während der Wachen steht immer ein Ausguck mit Ferngläsern auf der Brücke, die nachts abgedunkelt wird, um die Sicht des Ausschau Haltenden nicht zu beeinträchtigen. Das Computersicherheitssystem zeigt den Wachhabenden auf detaillierten Deckplänen jeden Winkel des Schiffes an. Gesteuert wird die QUEEN MARY 2 gerade auf Transatlantikreisen oftmals mit dem

Autopiloten, der nach voreingestellten Parametern wie Kurs und Geschwindigkeit ständig Signale an die Antriebseinheiten sendet und diese kontrolliert. Die wachhabenden Offiziere behalten den Autopiloten im Auge und können jederzeit auf Handsteuerung umstellen.

AUF DIE BEIDEN OBERSTEN DECKS 12 und 13 gelangt man am besten im Freien über die Sonnendecks am Heck, lange Treppen führen hier hinauf. Eine Alternative sind die Fahrstühle im Heckbereich, die bis auf Deck 11 führen. Von dort muss man innen nur eine Treppe hinaufsteigen und gelangt zu einer Tür neben dem Boardwalk Café, das bei schönem Wetter zum Mittagessen Salate, Hamburger und Pizza anbietet, die dann in der Sonne draußen genossen werden können. Eine von Passagieren gern genutzte Fast-Food-Alternative zum feinen Essen in den Restaurants. Auf dem obersten Deck befinden sich viele Freiflächen, das große Sonnendeck mit der Regatta Bar kann im Bedarfsfall als Hubschrauberlandeplatz genutzt werden. Hinter der Bar sind ein Basketballplatz und ein Paddle Tenniscourt sowie ein Putting Green für Golfer. Auf Deck 12 ist, neben dem Schwimmbad im Spabereich der einzige Innenpool, ein überdachtes 7 x 5 Meter großes Viereck mit zwei Whirlpools, dessen Glasdach bei schönem Wetter geöffnet werden

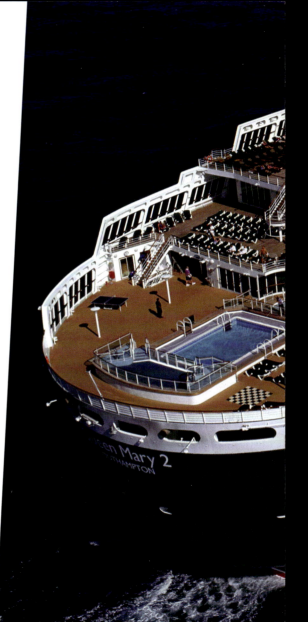

# 620 Meter Promenadendeck

kann. Neben den Liegestühlen ist die Pavillion Bar, gegenüber der Bar befinden sich die beiden Golfsimulatoren, in denen man bis zu 52 unterschiedliche Kurse spielen kann. Noch ein Stück weiter hinten sind vier Shuffleboard-Felder auf Deck gemalt, backbord ist an den weißen Aufbauten der riesige QUEEN MARY 2-Schriftzug angebracht, der nachts beleuchtet wird – rund 20 Meter lang und 2,5 Meter hoch. An Steuerbord befindet sich ein abgesperrter Bereich mit den Zwingern für Hunde und Katzen, die auf Atlantiküberquerungen zwar mitgenommen, aber nicht in die Kabine gebracht werden dürfen. Hier gibt es eine kleine Auslaufzone und für Hunde sogar einen Laternenpfahl, damit sie ihr Geschäft verrichten können. Speziell ausgebildete Crewmitglieder kümmern sich um die Tiere, die Besitzer haben tagsüber jederzeit Zugang zu ihren Lieblingen.

*Die Vierbeiner werden in ihrem speziellen Deckbereich verwöhnt: frisch gebackene Hundekekse, Futter der Spitzenklasse, Fleecedecken, bequeme Körbchen, Spielzeug und Namensschild mit Cunard-Logo stehen bereit. Selbstverständlich dürfen die Tiere dort jederzeit besucht werden, ausgebildete Crewmitglieder führen die Hunde regelmäßig Gassi. Mitreisende Haustiere (auch Katzen) können nur auf Transatlantikreisen mitgenommen werden, die Kosten liegen bei etwa 50 Dollar pro Tag.*

Hoch über den Decks thront der riesige Schornstein in traditionellem Cunard-Rot und Schwarz. Der Schornstein wirkte schon auf den Zeichnungen des Planungsteams sehr gedrungen, konnte aber nicht mit der eleganten Linie des Pendants auf der Queen Elizabeth 2 gebaut werden, weil die Queen Mary 2 wegen ihrer gewaltigen Höhe sonst bei der Einfahrt nach New York nicht mehr unter der Verrazano-Narrows Brücke hindurch gepasst hätte. Auf Tradition wurde aber trotzdem gesetzt: Eines der drei Signalhörner der Queen Mary 2 ist das originale Schiffshorn der ersten Queen Mary, das aus dem in Long Beach als Hotelschiff liegenden Liner ausgebaut wurde. Das 2,15 Meter lange, 76 Zentimeter breite, 91 Zentimeter hohe und 650 Kilogramm schwere Schiffshorn wurde nach gründlicher Inspektion und den nötigen Ausbesserungsarbeiten zusammen mit einer identisch aussehenden, allerdings neu hergestellten Kopie in die Queen Mary 2 eingebaut. Der Ton ist auf ein tiefes A gestimmt, dieses Horn ist bis zu 18 Kilometer weit zu hören und den Hamburgern vom zahlreichen Betätigen während des Ein- und Auslaufens wohlbekannt.

# KOSMETIK FÜR DIE KÖNIGIN

Ein Schiff wie die Queen Mary 2 in das Auftragsbuch zu bekommen ist für jede Werft der Welt ein äußerst lukratives Ziel. Gar nicht so sehr unter finanziellen Gesichtspunkten, aber für das Prestige ist wegen des hohen Bekanntheitsgrades und der noch immenseren Beliebtheit des letzten richtigen Ozeanliners ein solcher Auftrag von unschätzbarem Wert.

# BLOHM + VOSS
# DOCK ELBE 17

Bereits beim Bau des damals größten Passagierschiffs aller Zeiten war es zu einem Bieterwettstreit gekommen. Von ursprünglich fünf ins Auge gefassten Werften für den Neubau blieben am Ende nur zwei Schiffsbauschmieden übrig: die Belfaster Werft Harland & Wolff, wo die TITANIC und ihre Schwesterschiffe gefertigt worden waren, sowie Chantiers de Atlantique aus dem französischen St. Nazaire, welche die NORMANDIE gebaut hatte. Die Nordiren waren bei dem britisch verwurzelten Bauherrn Cunard Line erste Wahl, aber Harland & Wolff hatte einen gewaltigen Nachteil: Es ging vor allem um die Höhe der staatlichen Unterstützung. Während sich die Franzosen großzügig gaben, zeigte sich die britische Regierung unter Tony Blair sehr zugeknöpft und wollte nur sehr geringe Garantien geben. Cunard Line wollte aber die geschätzten 775 Millionen Dollar Baukosten (der Wechselkurs des Euro gegenüber dem Dollar lag damals bei 89 Cent, also rund 870 Millionen Euro) in Abschlägen bezahlen, und Harland & Wolff konnte ohne staatliche Kredite nicht in Vorleistung gehen. Daher fiel die Wahl auf Chantiers de Atlantique, was in Großbritannien nicht nur unter Traditionalisten und Patrioten zum kollektiven Aufschrei führte. Eine urbritische Institution wie Cunard Line, deren maßgeblichen Schiffe seit 160 Jahren alle in Großbritannien gebaut wurden, gab den prestigeträchtigen Auftrag zum alten Rivalen, nach Frankreich – das Volk war nicht amused, konnte die Entscheidung aber nicht beeinflussen.

FÜR DIE SOGENANNTEN KLASSEARBEITEN (s. u.) sowie Renovierungen oder auch die außerplanmäßige Reparatur einer der Antriebseinheiten hatte immer eine Hamburger Werft die Nase vorn: Die QUEEN MARY 2 wurde seit dem Bau immer nur in die Hände von Blohm + Voss gegeben. Schiffe, die in internationalen Gewässern unterwegs sind,

*»El Commandante« Achim Lamprecht sorgt für den reibungslosen Ablauf der Wartungsarbeiten.*

müssen – ähnlich wie bei einer TÜV-Untersuchung für Autos – regelmäßig sogenannte Klassearbeiten absolvieren, bei denen die Technik geprüft und gewartet wird. Klassifikationsgesellschaften – bei Cunard Line ist dies das renommierte Lloyd's Register in London – legen Sicherheits- und Qualitätsstandards für Schiffe fest und überwachen deren Einhaltung beim Bau und in der Werft. Schiffe, die ihre Klasse nicht erhalten, verlieren ihre Betriebsgenehmigung und damit auch den Versicherungsschutz.

**Bei Blohm + Voss** geht die Queen Mary 2 stets in das Trockendock ELBE 17, gegenüber den Landungsbrücken. Beim Dockvorgang dreht das Schiff auf der Elbe bei Hochwasser mit dem Bug Richtung Dock, dann wird das Docktor von Schleppern beiseitegezogen. Beim Eindocken fährt die Queen Mary 2 aus eigener Kraft langsam ins Dock und wird dann an den Seiten von Dockkränen gesichert. Was Brückenbesatzung und Werftkapitän dabei leisten, wird ersichtlich, wenn man weiß, dass das 345 Meter lange Schiff in ein nur um sechs Meter längeres Dock platziert wird. Das ist vergleichsweise so, als wolle man eine S-Klasse in eine Parklücke mit jeweils nur zehn Zentimeter Abstand zu Vorder- und Hintermann bugsieren. Etwas mehr Platz ist an den Seiten, wo dem 41 Meter breiten Schiff jeweils 8,50 Meter Raum zur Verfügung stehen. Da selbst ein hochmanövrierfähiges Schiff wie die Queen Mary 2 vergleichsweise träge reagiert, ist das Eindocken in ELBE 17 eine nautische Meisterleistung. Sechs Stunden dauert das Abpumpen des Wassers, bis die Queen auf den Pallen im Trockendock steht. Das Fluten des Trockendocks geht wesentlich schneller vor sich – in etwa zwei Stunden ist der Luxusliner so weit aufgeschwommen, dass er das Dock verlassen kann.

**Bislang war die Queen Mary 2** fünfmal zu Werftaufenthalten in Hamburg:

**8. – 19. November 2005**
- Klasse-, Überholungs-, Konservierungs- und Renovierungsarbeiten
- Erweiterung des King's Court Restaurants um 100 Sitzplätze

**6. – 10. Mai 2006**
- Außerplanmäßiger Werftaufenthalt, eine bei Grundberührung beschädigte Antriebseinheit wird zur Reparatur abmontiert

**12. – 17. November 2006**
- Zweiter außerplanmäßiger Werftaufenthalt, der reparierte Pod wird wieder angebracht, gleichzeitig Erweiterung der Brückenflügel (Nock) um jeweils zwei Meter und Einbau von Zwingern für Haustiere von Passagieren

**24. Oktober – 13. November 2008**
- Klassearbeiten, Überholung der Steuerungs- und Antriebseinheiten, Bugstrahlruder und Stabilisatoren, Beschichtungsarbeiten an der Außenhaut, Überholung der Rettungs- und Tenderboote

**26. November – 5. Dezember 2011**
- Klassearbeiten, Generalüberholung im Hotelbereich: u. a. neue Teppiche in öffentlichen Bereichen und Kabinen sowie neue Betten, Möbelaustausch

# HOTEL LOUIS C. JACOB
HAMBURG · ELBCHAUSSEE

## SIE HABEN FREUNDE IN HAMBURG

Einzigartige Erlebnisse rund um Genuss, Maritimes und Kultur in der schönsten Stadt der Welt. Entdecken Sie die beispiellose Gastlichkeit des Hotel Louis C. Jacob an Hamburgs berühmter Elbchaussee.

Ideen für kleine Fluchten aus dem Alltag: www.hotel-jacob.de

L'Art de Vivre

THE LEADING HOTELS OF THE WORLD
EST 1928

FEINE PRIVAT HOTELS

HOTEL LOUIS C. JACOB · Elbchaussee 401-403 · 22609 Hamburg · 040/822 55-0 · jacob@hotel-jacob.de
www.hotel-jacob.de

# DER ANTRIEB

Die QUEEN MARY 2 verfügt über vier sogenannte Azipods (Azimuthing Electric Propulsion Drive, kurz Pods, auf Deutsch etwa mit »drehbarer elektrischer Vortrieb« zu übersetzen), zwei backbord und zwei steuerbord, die von Rolls-Royce extra für dieses Schiff angefertigt wurden. Ein Azipod ist ein ausgelagertes Antriebssystem, das in einer Gondel unter dem Schiffsrumpf hängt. Es beinhaltet einen elektrischen Motor, der einen fast sechs Meter hohen Propeller antreibt. Die beiden hinteren Pods sind fest installiert und sorgen lediglich für Vortrieb, die vorderen Pods lassen sich um 360 Grad drehen und verleihen der QUEEN MARY 2 eine extrem hohe Manövrierfähigkeit. Zusammen mit den drei Bugstrahlrudern, die je 3,2 Megawatt leisten, kann das Schiff ohne Ruderanlage, nur durch die Richtungs- und Geschwindigkeitseinstellung der Pods und Bugstrahlruder, gesteuert werden. Werden die Pods um 90 Grad gedreht, fährt das Schiff seitwärts, bei einer 180-Grad-Drehung rückwärts. Anstatt wie von einer herkömmlichen Schraube das Schiff voranzuschieben, ziehen die Pods die QUEEN MARY 2 quasi durch die See, was wesentlich strömungsgünstiger und damit effizienter sowie treibstoffsparender ist.

JEDER DER VIER PODS ist mit 11,5 Metern doppelt so hoch wie ein Londoner Doppeldeckerbus und wiegt etwa 260 Tonnen. Die Antriebseinheiten sind begehbar. Wenn die QUEEN MARY 2 im Hafen liegt, klettern regelmäßig Mechaniker zu Routinekontrollen hinein. Die Propeller sind einzeln montiert, sodass sie einzeln ausgetauscht werden können. Jeweils vier Blätter ergeben einen Radius von sechs Metern, jedes Blatt wiegt 4.500 Kilogramm. Passagiere der QUEEN MARY 2 können sich die Edelstahlblätter in Ruhe anschauen. Auf dem Vorderdeck vor der Brücke auf Deck 7 sind einige der Blätter aufgestellt – dies ist also kein Kunstwerk, wie viele Gäste vermuten, sondern es handelt sich um mitgeführte Ersatzteile.

Angetrieben wird die Queen Mary 2 von vier elektronisch geregelten 16-Zylinder-Common-Rail-Dieselmotoren mit 460 Millimeter Kolbenbohrung des finnischen Herstellers Wärtsilä. Jeder der parallel eingebauten Motoren ist zwölf Meter lang, je fünf Meter breit und hoch, wiegt mehr als 217 Tonnen, leistet je 22.800 PS (16,8 Megawatt). Die von den Dieselmotoren bei 524 Umdrehungen pro Minute produzierte Energie wird durch Generatoren in Strom umgewandelt, der die Elektromotoren der Pods speist, die je bis zu 21,5 Megawatt leisten. Aber der Strom wird nicht nur für den Antrieb genutzt, auch der gesamte Hotelbetrieb, die Brücke und die Crewquartiere werden versorgt. Jeden Tag wird auf dem Schiff so viel Strom produziert, dass dies für den Energiebedarf einer Stadt von der Größe Lübecks mit mehr als 200.000 Einwohnern ausreichen würde. Insgesamt kann die Queen Mary 2 auf 157.168 PS Leistung zurückgreifen, denn neben den vier Dieselmotoren verfügt das Schiff außerdem noch über zwei Gasturbinen von General Electric, die rund 68.000 PS erzeugen können. Diese Turbinen arbeiten wie Triebwerke von Düsenflugzeugen, leisten je 25 Megawatt und befinden sich auf der Rückseite des Schornsteins schallgeschützt unter dem Sockel. Diese Turbinen werden aber nur genutzt, wenn die Queen Mary 2 von ihrer normalen Dienstgeschwindigkeit von ca. 26 Knoten auf die Spitzengeschwindigkeit von rund 32 Knoten gebracht werden soll.

*Die Antriebseinheiten sind so hoch wie ein Londoner Doppeldeckerbus.*

Interview mit Jan Kees Pilaar, Geschäftsführer von Blohm + Voss

# HERVORRAGEND FÜR DAS IMAGE

Insgesamt fünfmal hat die Reederei Cunard Line ihr Flaggschiff Queen Mary 2 zur Überholung nach Hamburg in die Hände von Blohm + Voss gegeben. Die Belegschaft der Traditionswerft ist enorm stolz, dieses Schiff in ihrem Dock zu haben, und für die Außenwirkung von Blohm + Voss sind diese Aufträge enorm wichtig, wie Jan Kees Pilaar, Geschäftsführer von Blohm + Voss Repair, betont:

**Herr Pilaar, welche Bedeutung hat ein Auftrag wie die Queen Mary 2 für Blohm + Voss?**
Das ist vor allem ein unheimlich großer Imagegewinn für unsere Werft. Die Queen Mary 2 ist auf der ganzen Welt bekannt, andere Reedereien und Eigner sind beeindruckt, dass wir hier die Aufträge für dieses einzigartige Schiff bekommen – das schafft Vertrauen in unsere Fähigkeiten und unser technisches Know-how. Und wenn das Schiff zur Überholung eine Woche oder länger bei uns im Dock liegt, kommen in dieser Zeit Zehntausende Besucher nach Hamburg und schauen an den Landungsbrücken ganz gezielt auf die Docks von Blohm + Voss. Davon profitieren wir, das ist für uns die beste Werbung. Rein finanziell gesehen, haben wir wesentlich größere Aufträge, aber für uns ist jedes Schiff wichtig, ob groß oder klein.

**Sind diese Aufträge auch für Sie persönlich etwas Besonderes?**
Ja, natürlich. Das ist der letzte Atlantikliner, die Queen Mary 2 ist imposant und das bekannteste Kreuzfahrtschiff der Welt. Wenn das mit dem Namen Blohm + Voss zusammenkommt, dann fügen sich zwei sehr alte Traditionsunternehmen zusammen, und wir sind hier sehr stolz darauf. Das ist nicht nur für mich etwas Besonderes, unsere Belegschaft ist mit dem Herzen dabei, die identifiziert sich voll mit Blohm + Voss und ihrer Arbeit, teilweise sind hier Familien schon in der dritten oder vierten Generation dabei. Ich habe schon für mehrere

Unternehmen in diesem Bereich gearbeitet, aber eine solche Identifikation habe ich noch nie erlebt. Wenn die Queen Mary 2 ins Dock einläuft, kommen selbst nachts einige in die Werft, um sich das anzuschauen – obwohl sie freihaben und am nächsten Morgen wieder zur Frühschicht müssen. Da steckt sehr viel Herzblut drin, und das strahlt natürlich auch auf die Arbeit aus, wenn man nicht nur einen Job macht, sondern unbedingt ein gutes Produkt abliefern will.

**Was beeindruckt Sie an diesem Schiff am meisten?**
Ich bin zwar Techniker und finde auch die Bauweise des Antriebs, der Pods, sehr interessant. Aber am meisten beeindruckt mich die klassische Linie des Schiffs, das ist noch ein richtiger Ozeanliner. Ich möchte schon seit Langem einmal mitfahren und mit der Queen Mary 2 von Hamburg aus den Atlantik überqueren. Bislang habe ich das noch nicht geschafft, aber diesen Traum erfülle ich mir bestimmt noch mal. Ich stelle mir manchmal vor, wie das wohl sein mag, der Abschied von Hamburg und die Einfahrt nach New York, wenn man an der Freiheitsstatue vorbeikommt und die Skyline von Manhattan auftaucht. Da denke ich automatisch auch an die lange Geschichte zurück, wie die Leute in der Vergangenheit dorthin gefahren sind und wie das wohl gewesen sein mag für die ganzen Auswanderer, die zum ersten Mal ihre neue Heimat gesehen haben.

**Warum hat aus ihrer Sicht Blohm + Voss bereits zum fünften Mal den Auftrag bekommen, die Queen Mary 2 zu überholen?**
Unsere Ingenieure und Arbeiten kennen das Schiff mittlerweile natürlich sehr gut, wir kennen die ganze Technik, die Wege an Bord, das Cunard-Werftteam, die Kapitäne und Ingenieure – und die kennen unsere Leute. Wir haben viel Erfahrung mit dem Schiff und können so sehr effizient arbeiten, was wiederum die Werftliegezeit verkürzt. Unsere Werft ist sehr gut ausgerüstet, wir investieren viel in die Wartung unserer Docks und Geräte, es ist alles in einem sehr guten Zustand. Wir haben alle besonderen Geräte und Spezialwerkzeuge für die Maschinen der Queen Mary 2, z. B. für die Pods. Der Hersteller der Pods selbst sagt, es gibt weltweit nur zwei Werften, die mit diesen Antriebseinheiten richtig umgehen können, eine in Finnland und Blohm + Voss. Wir haben sehr viel Erfahrung mit Kreuzfahrtschiffen, jedes Jahr haben wir acht bis zwölf Kreuzfahrer auf der Werft. Wir

verstehen das Geschäft, und unser Projektmanagement ist sehr gut darauf eingestellt. Dazu verfügen wir über einen eigenen Maschinenbau, wenn mal Teile fehlen und kein Hersteller liefern kann, fertigen wir die selber an. Wir arbeiten mit vielen eigenen Leuten und beschäftigen im Vergleich nicht so viele Subunternehmer. Alle zeitkritischen Arbeiten machen wir selbst, um den Zeitraum bis zur geplanten Ablieferung immer gut steuern zu können. So haben wir selbst unter widrigen Bedingungen, als die QUEEN MARY 2 wegen Niedrigwasser erst 24 Stunden später als geplant, ins Dock einlaufen konnte, unseren Liefertermin eingehalten. Das ist für eine Passagierreederei, die ja feste Fahrpläne für ihre Kreuzfahrten hat, immens wichtig.

**Wie lange dauern die Verhandlungen, bis sie einen solchen Auftrag an Land ziehen können, und was müssen Sie dafür tun?**

Das sind mindestens vier bis fünf Monate Vorlauf. Wir bekommen von der Reederei eine Arbeitsliste, fliegen dann zum Schiff und schauen uns an Bord an, was alles gemacht werden soll. Dann geht es an die Kalkulation, Arbeitsabläufe und -stunden, dann geben wir ein Angebot ab. Das Flottenmanagement der Reederei holt sich in der Regel mehrere Angebote ein, vergleicht und sucht sich zwei bis drei Anbieter aus. Dann geht es erst in die eigentlichen Verhandlungen, wo kann man nachbessern, was muss unbedingt eingehalten werden. Dieses Hin und Her kann sich vier bis sechs Wochen hinziehen, bis man die Verträge unterschreibt. Ausschlaggebend ist dabei nicht nur der Preis, sondern hohe Qualität, unbedingte Einhaltung des Liefertermins, und es hängt auch vom Verhandlungsgeschick ab. Bei der vergangenen Ausschreibung für die QUEEN MARY 2 haben wir z. B. gewusst, dass auch die ORIANA von P & O ins Dock sollte. Cunard Line und P & O gehören beide zur Carnival-Gruppe, zu der mehrere Reedereien und mehr als 100 Passagierschiffe gehören. Da haben wir dann einen Paketpreis gemacht, es gab da Synergieeffekte bei uns auf der Werft, sodass sich das gerechnet hat, und wir haben schließlich beide Schiffe zu Blohm + Voss bekommen.

**Gibt es bei der QUEEN MARY 2 besondere technische oder logistische Herausforderungen?**

Bei einem Schiff dieser Größe haben einzelne Teile ein immenses Gewicht, dafür muss man ausgerüstet sein, und damit muss man umgehen können. Wir haben in Dock 17 eine hervorragende Logistik und viele Kräne, rund um das Dock ist viel möglich. Wir haben die Möglichkeit, überall Zugänge zu schaffen und an Bord zu kommen, das ist wichtig, wenn man nur kurze Wege braucht. Dann muss man mit der Technik umgehen können, bei den Pods gibt es, wie gesagt, nicht so viele, die das können. Und man muss die gewaltige Logistik bewältigen, beim letzten Werftaufenthalt mussten wir allein rund 60 Tonnen Material für die Queen Mary 2 lagern, sinnvoll stauen und zum richtigen Zeitpunkt ohne Verzögerung abrufen. Denken Sie allein mal an die riesigen Mengen an Teppichboden, die wir da hatten. Wir mussten mehr als 29 Kilometer Teppich sauber und trocken lagern, das bekommen wir hier hin.

**Wie lange dauern die Vorbereitungen für einen solchen Werftaufenthalt, und was müssen Sie dabei alles berücksichtigen?**

Das hängt von den Arbeiten ab, aber mindestens zwei Monate benötigt man schon für eine saubere Arbeits- und Einsatzplanung. Man muss Material bestellen, Lieferanten anfragen, Angebote vergleichen, Lieferungen kontrollieren und die gesamte Logistik planen. Meistens geht dann ein Team von bis zu 50 Mann bereits im letzten Hafen vor Hamburg an Bord, um gemeinsam mit der Crew die entsprechenden Bereiche freizuräumen und mit Folien abzukleben, sodass man sofort mit den eigentlichen Arbeiten anfangen kann, sobald das Schiff hier im Dock festgemacht hat.

**Wie erklären Sie sich die Begeisterung der Hamburger für dieses Schiff?**

Die Queen Mary 2 ist einzigartig, unverwechselbar. Von ihrer Linie her und auch von diesen gewaltigen Dimensionen, die aber in sich stimmig sind und an die alten Ozeanliner erinnern. Sie war ja damals das größte Schiff der Welt und schon beim Bau weltbekannt. Dann die Taufe durch die britische Königin persönlich und die ganze Tradition der Reederei Cunard Line. Ich denke, da spielt eine Begeisterung für die Geschichte mit, so ein bisschen ein positives Titanic-Gefühl, mit der Eleganz und der luxuriösen Ausstattung. Und in Hamburg hat man sich ja schon immer gerne Schiffe angeschaut, da ist dann für so ein Ausnahmeschiff eine richtig große Begeisterung gewachsen.

# CAPTAIN'S CORNER

Die Begeisterung, die die Queen Mary 2 während ihrer Anläufe in Hamburg auslöst, wird natürlich auch auf dem Schiff von Passagieren und Crew wahrgenommen. Immer wieder verlegen Teile der Crew sogar ihren Urlaub, nur um in Hamburg dabei sein zu können. »Alte Hasen« erinnern sich besonders gerne an die ersten beiden Anläufe in den Jahren 2004/2005 und erzählen denjenigen, die damals nicht dabei sein konnten, von den unglaublichen Szenen und jubelnden Menschenmassen. Stellvertretend für die Stimmung in der Crew und das Empfinden der Schiffsbesatzung beim Ein- und Auslaufen in Hamburg stehen die Worte von Kapitän Paul Wright, der die Queen Mary 2 zum ersten Mal in die Hansestadt steuerte, sowie der beiden jeweils ranghöchsten Kapitäne von Cunard Line, Commodore Bernard Warner und seinem Nachfolger Christopher Rynd.

»So etwas habe ich in meinem Leben als Kapitän
noch nie erlebt. Der Empfang war so überwältigend,
dass ich dauernd das Horn betätigt habe, um auch ja
den letzten noch schlafenden Passagier zu wecken.«

Premierenanlauf, 19. Juli 2004

## KAPITÄN PAUL WRIGHT

Der 1948 geborene Kapitän ging 1965 zum ersten Mal als Kadett auf Gas- und Öltankern auf See. Vier Jahre später stieg er auf Passagierschiffe um und wechselte zu Canadian Pacific (CP). 1980 kam Paul Wright zu Cunard Line, seinen ersten Einsatz hatte der charmante Brite auf der CUNARD COUNTESS, danach fuhr er auf der CUNARD PRINCESS, der SAGAFJORD und der QUEEN ELIZABETH 2. Im Jahr 2004 erfolgte seine Ernennung zum Kapitän der QUEEN MARY 2. Paul Wright lebt mit Frau Linda bei Truro in Cornwall.

»Ich möchte diese Gelegenheit nutzen, um mich bei der Stadt Hamburg, unseren Partnern und vor allem bei den Hamburgern sowie allen anderen Menschen, die uns entlang der Elbe und in der Hansestadt einen so warmherzigen Empfang bereitet haben, für diese großartige Gastfreundschaft zu bedanken. Der Besuch in Hamburg war für uns alle an Bord ein überwältigendes Erlebnis, an das wir uns noch lange erinnern werden.«

E-Mail an das Hamburger Abendblatt, 20. Juli 2004

*»Das ist einmalig. Nie zuvor habe ich erlebt, dass so viele Menschen ein Schiff sehen wollen. Die Hamburger haben die Queen schon fest in ihr Herz geschlossen. Ein Dank an die Bürger von Hamburg für ihren unvergleichlichen Empfang! Alle auf diesem Schiff schätzen diese starke Verbundenheit und Freundschaft.«*

Zweiter Anlauf, 2. August 2005

## COMMODORE BERNARD WARNER

Bernard Warner wurde 1948 in Yorkshire / Nordengland geboren und ist ein direkter Nachkomme von Sir Thomas Warner, der im Jahre 1623 St. Kitts entdeckte und 1625 dort erster Generalgouverneur wurde. Mit 16 Jahren ging Warner in die Navigationsschule der Universität von Southampton, danach trat er die Ausbildung zum Offizier bei der Reederei P&O an. 1975 erhielt er seinen Kapitänsbrief und fuhr danach auf der Pacific Princess, bekannt aus der TV-Serie »Love Boat«. Kapitän Warner und seine Frau Tina haben zwei Söhne und leben heute in Leek Wootton. 2004 erhielt Warner das Kommando über die Queen Mary 2, im Januar 2007 ernannte ihn Cunard Line zum Commodore der Flotte und damit zum ranghöchsten Kapitän. Nach 45 Jahren auf See ging Bernard Warner am 19. April 2011 in den Ruhestand.

»Nirgendwo auf der Welt wird die Queen Mary 2 so empfangen wie in Hamburg. Das sind unvergessliche Momente, auch für unsere Passagiere und die Crew. Diese Begeisterung, die Euphorie und dieses gigantische Volksfest mit den vielen winkenden Menschen am Ufer ist einfach nur unglaublich und phänomenal.«

Hafengeburtstag, 8. Mai 2010

# COMMODORE CHRISTOPHER RYND

Christopher Rynd wurde 1953 in Neuseeland geboren, sein Vater war Priester und im asiatisch-pazifischen Raum eingesetzt. Der junge Christopher wuchs in Singapur, Sri Lanka sowie auf den Fidschi-Inseln und Samoa auf. Mit 17 Jahren begann er eine Kadettenausbildung in Neuseeland und wurde nach erfolgreichem Abschluss auf dem Passagierschiff S.S. ORONSAY eingesetzt. Die Jahre als Junioroffizier fuhr Rynd auf P & O-Frachtschiffen, wurde aber auch immer wieder auf Kreuzfahrtschiffen eingesetzt – insgesamt verbrachte er 21 Jahre in Diensten von P & O Lines und absolvierte dabei acht Jahre als Reserveoffizier der britischen Royal Navy. Sein Kapitänspatent erhielt er bereits mit 26 Jahren, sein erstes eigenes Kommando bekam Rynd im Jahr 2000 auf der ROYAL PRINCESS. Er war auf elf Kreuzfahrtschiffen Kapitän, bevor er 2006 zum ersten Mal auf der QUEEN ELIZABETH 2 eingesetzt wurde. Kurze Zeit später übernahm er das Kommando auf der QUEEN MARY 2. Seinen Urlaub verbringt er am liebsten mit seiner Frau Julie, dem Sohn und den beiden Töchtern in seinem Haus bei Sydney, das direkt am Wasser liegt. Am 21. April 2011 wurde Christopher Rynd als Nachfolger von Bernard Warner zum Commodore der Reederei ernannt.

# GUIDE FÜR QUEEN-NEULINGE

Als Kreuzfahrt-Neuling ist man häufig unsicher, ob die Reise mit einem Schiff einem auch tatsächlich liegt. Die Vorstellung, mehr als eine Woche lang auf einer Transatlantikreise das schwimmende Hotel nicht mal zu Landgängen verlassen zu können, schreckt einige Interessierte ab. Darum führen immer mehr Reedereien sogenannte Schnupperreisen ein. Diese Kurzreisen von zwei bis fünf Tagen gibt es auch für die QUEEN MARY 2, z. B. von Hamburg nach Southampton oder umgekehrt in zwei Tagen. Allerdings ist die Königin der Meere so groß und bietet soviel, dass man besser auf eine vier- oder fünftägige Reise gehen sollte, z. B. von Hamburg nach Oslo und zurück, um die QUEEN MARY 2 und das Unterhaltungsprogramm wirklich kennenzulernen. Wer das erste Mal an Bord ist, sollte sich mit ein paar Regeln, Gebräuchen und Gegebenheiten vertraut machen.

**Ärztliche Betreuung:** Die Queen Mary verfügt über ein modern eingerichtetes Krankenhaus, um medizinische Notfälle behandeln zu können. Die Krankenstation ist aber nicht dafür vorgesehen, bestehende Krankheiten weiterzubehandeln. Es gibt keine Dialysestation an Bord, eine Zahnarztpraxis ist vorhanden. Dringend benötigte Medikamente sind in ausreichender Menge selbst mitzubringen. Die ärztliche oder zahnärztliche Behandlung an Bord ist kostenpflichtig, in der Regel erstatten die deutschen Krankenkassen die Auslagen bei entsprechender Versicherung.

**Aufenthalt in den Häfen:** Zumeist werden Häfen morgens angelaufen und am Abend desselben Tages verlassen. Die genauen Zeiten stehen im Bordprogramm (s. u.). Beim Verlassen des Schiffes muss man seine Bordkarte (s. u.) mitnehmen, diese wird elektronisch erfasst, damit das Sicherheitspersonal jederzeit den Überblick hat, wer sich an Bord und wer sich an Land befindet. Sollte man von einem Ausflug auf eigene Faust nicht zur angegebenen Zeit zurück sein, werden die vermissten Passagiere zunächst ausgerufen. In der Regel liegt die für die späteste Rückkehr angegebene Zeit 30 bis 45 Minuten vor dem Losmachen der Leinen. Man sollte dies aber auf keinen Fall ausreizen, sondern pünktlich sein! Denn das Schiff fährt genauso los wie ein Flugzeug zur angegebenen Zeit startet. Wer das Ablegen verpasst, muss auf eigene Kosten dem Schiff zum nächsten Hafen hinterherreisen (in der Regel befindet sich ja auch noch das Gepäck an Bord). Dies kommt öfter vor, als man glauben sollte, ist aber eine recht kostspielige Angelegenheit.

**Ausflüge:** In jedem Hafen bietet Cunard Line viele organisierte Ausflugsmöglichkeiten an. Die Landausflüge werden von externen Agenturen auf Englisch durchgeführt, bei ausgewählten Reisen ab deutschen Häfen gibt es auch deutschsprachige Ausflüge. Im Kundenportal »Meine Reise«, der Zugang dazu wird den Passagieren nach der Buchung ermöglicht, kann man sich online alle buchbaren Landausflüge anschauen und buchen. Auch nach Reisebeginn sind an Bord im Ausflugsbüro noch Buchungen möglich, wenn noch Plätze zur Verfügung stehen. Informationen dazu findet man im Bordprogramm.

**Bordkarte:** auch Boarding Pass genannt. Beim Check-in erhält jeder Passagier eine Bordkarte – das ist der Ausweis an Bord. Er gilt auf Schiffen als Ersatz für den Reisepass und ist beim Verlassen und Betreten des Schiffes (z. B. nach Landausflügen) vorzuzeigen. Am Check-in wird ein Foto des Passagiers gemacht und auf die Bordkarte gedruckt, außerdem werden die Daten der Kreditkarte aufgenommen. Bei allen Zahlungsvorgängen an Bord legt man dann einfach die Bordkarte vor und unterzeichnet nur noch den Beleg. Am Ende der Kreuzfahrt erhält man eine Auflistung der Ausgaben, der Betrag wird dann dem Kreditkartenkonto belastet. Wer keine Kreditkarte besitzt, kann am Purser's Office Barbeträge einzahlen, dies ist auch die Anlaufstelle für Reklamationen bei einer evtl. fehlerhaften Rechnung.

**BORDPROGRAMM:** Dieses vierseitige DIN-A4-Heftchen liegt, genau so wie ein kurzer Nachrichtenüberblick aus aller Welt mit Schwerpunkt auf Deutschland, jeden Abend in der Kabine, für deutschsprachige Gäste selbstverständlich auf Deutsch. Im Bordprogramm findet man die Abfahrtszeiten für Ausflüge sowie alle Aktivitäten, Kurse, Vorträge und Filme des nächsten Tages. Außerdem den Wetterbericht, Wissenswertes zum Schiff und seinen Offizieren sowie die Distanz, die das Schiff zurückgelegt hat.

**BORDSPRACHE:** Die offizielle Bordsprache ist Englisch, aber niemand muss Angst vor einer Sprachbarriere haben. Denn es befindet sich immer mindestens eine deutschsprachige Hostess an Bord, die sich um die deutschsprachigen Gäste kümmert. Bei Abfahrten aus Hamburg oder einem anderen deutschen Hafen wird das deutschsprachige Personal verstärkt, auch unter den anderen Mitarbeitern an Bord befinden sich immer Deutsche, Österreicher oder Schweizer, sodass man immer Hilfe oder Unterstützung bekommt, wenn man sie benötigt. Bei Abfahrten aus Deutschland gibt es ein umfangreiches deutschsprachiges Lektorenprogramm mit bekannten Persönlichkeiten. So waren z. B. bereits Günther Jauch, Johann Lafer oder Peter Maffay an Bord, um die Gäste zu unterhalten. Speisekarten werden immer auch auf Deutsch gedruckt, der Küchenchef der QUEEN MARY 2, Klaus Kremer, ist Kölner und freut sich immer auf Fragen und Unterhaltungen mit seinen Gästen. Und es gibt deutschsprachige Filme im interaktiven TV auf der Kabine sowie deutsche Bücher in der Bibliothek.

**COMPUTER / INTERNET:** Es gibt ein Computerzentrum an Bord (Deck 2, Bug), in dem man Internetverbindung hat. Da diese Verbindung via Satellit hergestellt wird, ist Internet an Bord sehr teuer. Die Minute kostet 0,75 US-Cent, wenn man kein Paket abschließt. Pakete gibt es für 2 Stunden (derzeit 47,95 US-Dollar = 0,40 US-Cent/Minute), 4 Stunden (89,95 = 0,38/Minute) und 8 Stunden (167,95 = 0,35/Minute). Kabelloser Internetzugang ist mit den Paketen in allen öffentlichen Räumen und auf der Kabine möglich. Wer nicht unbedingt surfen muss, kann ja auch mal die Unabhängigkeit

von elektronischen Geräten genießen. Wer E-Mails schreiben oder abrufen möchte, tut dies am besten in den Häfen. Nahezu in alle Häfen weltweit ist in der Nähe der Anlegestelle mittlerweile ein Café oder eine Bar mit kostenlosem WLAN, wenn man einen Kaffee oder ein Bier trinkt. Am besten man schaut, wo die Crew mit ihren Laptops sitzt und surft. Das ist deutlich preiswerter und geselliger als an Bord.

**Diätkost:** Wer an Nahrungsmittelunverträglichkeiten oder Allergien leidet, sollte dies bei der Buchung der Reise angeben. Am Tag der Einschiffung sollte man dann in seinem Restaurant den Maître aufsuchen, der die Einzelheiten noch mal aufnimmt und mit dem Küchenchef bespricht. Während einer normalen Reise, sind immer ca. 30 bis 40 Passagiere an Bord, die bestimmte Lebensmittel oder Inhaltsstoffe nicht vertragen. Es ist also für die Küche nichts Ungewöhnliches, Alternativen auf Lager zu haben. Für Vegetarier befindet sich immer mindestens ein Gericht auf der täglichen Speisekarte. Es können auch tiefgefrorene koschere Mahlzeiten und bestimmte Babynahrung vor der Reise bestellt werden.

**Etmal:** Strecke, die ein Schiff von Mittag bis Mittag des nächsten Tages zurücklegt. Aus dem Gotischen von »et = Wiederkehr« und »Mel = Zeitpunkt«. Auf vielen Kreuzfahrtschiffen wird das Etmal vom Kapitän zur Mittagsstunde angesagt oder auf einer Tafel angezeigt. Früher sehr beliebtes Gesellschaftsspiel auf Transatlantikreisen. Bei den Wetten auf das tägliche Etmal konnten die Passagiere Einsatz und Schätzung abgeben, der Gewinner bekam den gesamten Pott.

**Garderobe an Bord:** Tagsüber ist man leger gut gekleidet, auch in kurzen Hosen oder Jeans. In allen Restaurants sind kurze Hosen oder gar Badekleidung aber jederzeit unerwünscht. Bade- oder Sportkleidung sollte nur auf den Sonnen- und Pooldecks sowie im Spa- oder Fitnesscenter getragen werden. Am An- und Abreisetag kann man auch im legeren Stil in die Restaurants gehen. Um die elegante Dinneratmosphäre zu unterstreichen, findet man im Bordprogramm die Garderobenempfehlung, die während des gesamten Abends ab 18 Uhr gilt. Wer auch abends legere statt festlicher Kleidung bevorzugt, kann im Buffetrestaurant King's Court speisen. Ansonsten gilt der angekündigte Dresscode:

- Formell (engl. formal): Smoking oder dunkler Anzug mit Krawatte für den Herrn, Abend- oder Cocktailkleid oder Kostüm für die Dame. Das Ausleihen von Smokings ist an Bord in begrenzter Stückzahl in einigen Größen möglich.

- Informell (informal): Jacket (Krawatte nach Wunsch) für den Herrn, Kostüm, Hosenanzug oder Röcke für die Dame. Jeans sind nicht erwünscht.

**KABINEN ZUR ALLEINBENUTZUNG/SINGLEREISENDE:** Mehrmals pro Saison kann es spezielle Reisen geben, bei denen man keinen Aufschlag für die Alleinbenutzung zahlen muss. Ansonsten gilt bei Einzelbelegung einer Kabine oder Suite 50 Prozent Aufschlag auf den pro Person bei Doppelbelegung ausgeschriebenen Preis.

**KAPITÄNSEMPFANG:** Festlicher Abend mit entsprechend formeller Garderobe. Der Empfang, bei dem auch Fotos mit dem Kapitän gemacht werden können, wird im Bordprogramm angekündigt. Ein Abend ist für Gäste des Britannia Restaurants, ein anderer für die Gäste des Grillrestaurants reserviert. Der Kapitän stellt bei Cocktails, Sekt und Fingerfood seine Offiziere vor. Anschließend gemeinsames Abendessen, wobei ausgewählte Gäste an Kapitäns- und Offizierstische gebeten werden.

**KINDER UND JUGENDLICHE:** Von 2 bis 17 Jahren werden kostenlos verschiedene, altersgerechte Programme an Bord geboten. Es gibt zwei feste Spielräume für Kinder und Jugendliche »The Teen Zone« und »The Play Zone« mit vielen Spielzeugen, für die Jugendlichen auch Playstations und andere Videospiele, sowie erfahrenen Betreuern. Diese sind allerdings meist nicht deutschsprachig.

**Knoten:** Der Begriff geht tatsächlich auf die verschlungenen Zipfel zurück. Um die Geschwindigkeit von Schiffen zu messen, verwendete man früher ein Logscheit, ein an einer Leine befestigtes Holzbrett. Das Brett wurde ins Wasser geworfen, dann die Leine so nachgegeben, dass das Brett möglichst an derselben Stelle im Wasser blieb. Die Länge der ausgegebenen Leine entsprach der zurückgelegten Strecke, die Zeit wurde mit einer Sanduhr gemessen – üblicherweise 15 Sekunden. In die Leine waren im Abstand von sieben Metern Knoten gemacht. So ergab die Anzahl der über Bord gegangenen Knoten umgerechnet die Geschwindigkeit des Schiffes in »Knoten«. Ein Schiff, das einen Knoten Fahrt macht, legt eine Seemeile pro Stunde zurück, dies entspricht 1,852 Stundenkilometern. Läuft ein Schiff also z. B. 20 Knoten, dann sind das 37 Stundenkilometer.

**Körperbehinderte Passagiere:** Aufzüge und barrierefreie Zugänge zu allen öffentlichen Räumen sind selbstverständlich. Es gibt insgesamt 31 rollstuhlgerechte Kabinen und Suiten mit geeigneten Zugängen zu Dusche und WC. Gäste, die umfangreichere Hilfeleistungen an Bord benötigen, dürfen nur zusammen mit einer Begleitperson reisen. Vor Reisebeginn werden diese Passagiere gebeten einen Fragebogen auszufüllen, der alle Informationen enthält, die das Personal an Bord benötigt.

**Seekrankheit:** Selbst Matrosen und Weltumsegler bleiben nicht verschont, und auch dem britischen Marinehelden Lord Nelson wurde übel auf See. Seit Jahrtausenden versucht man ein Gegenmittel zu finden. Die Griechen tranken eine Mixtur aus Meerwasser und Wein, die skurrilen Briten führten eigens einen neuen Beruf ein: Den königlichen Kopfhalter, der das Haupt des Monarchen auf See zu stützen und somit die Schiffsbewegungen auszugleichen hatte. Am Purser's Office und im Hospital gibt es (kostenpflichtige) Medikamente von Wirkstoffpflastern bis hin zu Spritzen. Wichtig: gleich bei den ersten Anzeichen behandeln lassen!
Als Ursache des Übels identifizierte die moderne Medizin, dass die Lymphflüssigkeit im Innenohr auf die Schiffsbewegungen reagiert, aber Augen, Muskeln und Gelenke andere Informationen zur Bewegung des Körpers liefern. Die widersprüchlichen Signale treffen gleichzeitig im Gehirn ein und lösen eine Art Kurzschluss aus, der Organismus reagiert mit Seekrankheit. Der Wiener Professor Reinhart Jarisch hat jetzt Erfolge mit einer einfachen Therapie erzielt: Die

Kombination aus Vitamin C und Schlaf soll helfen. Der Wissenschaftler fand heraus, dass Seekranke einen sehr hohen Histaminspiegel haben. Histamin kann mit Vitamin C leicht neutralisiert und der hohe Spiegel somit abgebaut werden. Wenn diese These stimmt, dann ist der Seekrankheit mit ein paar Vitamin-C-Tabletten und ausreichend Schlaf beizukommen, denn im Schlaf sinkt der Histaminspiegel rapide ab. Wem auch das nicht hilft, der kann einen Tipp aus den 1920er-Jahren befolgen: Die Ärzte der britischen Luxusliner empfahlen ein Gläschen Champagner. Wenn das auch nicht hilft, so kann man sich wenigstens mit Stil in sein Schicksal ergeben.

**RAUCHEN:** In den Kabinen und auf den Balkonen gilt ebenso striktes Rauchverbot wie in allen öffentlichen Bereichen, mit Ausnahme der Churchill Lounge. Hier, und nur hier, dürfen auch Zigarren und Pfeifen geraucht werden. Wer Zigaretten rauchen möchte, kann dies in gekennzeichneten Bereichen an Deck und auf der oberen Ebene im Nachtclub G 32 tun.

**SEENOTRETTUNGSÜBUNG:** Die Übung ist obligatorisch und wird vor dem Auslaufen am ersten Tag durchgeführt. Die Sammelstelle zu der man sich begeben muss, ist an der Innenseite der Kabinentür ausgehängt. Per Lautsprecherdurchsage wird der Zeitpunkt bekannt gegeben, an dem sich Passagiere mit Schwimmweste zu ihrer Station zu begeben haben, meist liegt auch ein Zettel mit dieser Information bei der Anreise in der Kabine bereit. Die Schwimmwesten befinden sich im Kleiderschrank, Westen für Kinder können bei der Mannschaft bestellt werden.

**TELEFON/HANDY:** In der Kabine stehen Telefone mit Direktwahlmöglichkeit zur Verfügung, diese Verbindung wird auch über Satellit aufgebaut und ist dementsprechend teuer. Handys funktionieren auch über Satellitendienstleister, in Küstennähe kann man über das Netz der Anbieter des jeweiligen Landes telefonieren. Außerhalb von Europa kann das ins Geld gehen.

**TRINKGELDER:** Das Bordkonto wird automatisch mit 11,50 US-Dollar (Britannia- & Britannia-Club-Kategorie) oder 13,50 US-Dollar (Princess- & Queens-Grill-Kategorie) pro Person belastet. Diese Zahlung ist allerdings freiwillig, wer dies nicht möchte, kann das am Purser's Office stornieren. Selbstverständlich steht es einem frei, eine ausgezeichnete Serviceleistung seines Kabinenstewards oder der Bedienung am Restauranttisch so zu honorieren, wie man das möchte.

# ZAHLEN UND DATEN ZUR QUEEN MARY 2

**Reederei:** Cunard Line
**Werft:** Alstom Chantiers de l'Atlantique, St. Nazaire, Frankreich
**Flagge:** Großbritannien
**Heimathafen:** Hamilton (Bermuda)
**Steel Cutting:** Januar 2002
**Kiellegung:** 4. Juli 2002
**Auslieferung:** Dezember 2003
**Taufe:** 8. Januar 2004 in Southampton durch Queen Elizabeth II.
**Jungfernfahrt:** 12. Januar 2004 Southampton – Karibik – Fort Lauderdale
**Tonnage:** 150.000 BRZ
**Länge:** 345 m
**Breite:** 41 m
**Breite zwischen den Brückenflügeln:** 52 m
**Höhe:** Kiel – Schornstein 72 m
**Tiefgang:** 10,80 m
**Gewicht (leer):** 66.000 Tonnen
**Baukosten:** 870 Millionen US-Dollar
**Geschwindigkeit:** ca. 30 Knoten (56 km/h)

**Maschine:** umweltfreundliche Gasturbine, Diesel-Elektrik, 157.000 PS
**Antrieb:** Erstes Schiff mit 4 Azipod-Einheiten, davon sind 2 fest und 2 flexibel installiert, was die Manövrierfähigkeit erheblich steigert, von Rolls-Royce und Alstom Power Conversion entwickelt
**Stabilisatoren:** 2 Paar
**Baumaterial:** Rumpf aus extra dickem Stahl, gibt Stabilität für die Nordatlantikreise
**Passagiere:** 2.620
**Besatzung / Crew:** 1.254
**Passagierdecks:** 13
**Rettungsboote:** 22, für je 150 Personen (3.300 Plätze) plus 60 Rettungsinseln für je 37 Personen (2.220 Plätze)
**Kabinen:** 1.310
**Balkonkabinen:** 953
**Aussenkabinen:** 1.017
**Innenkabinen:** 293
**Behindertengerechte Kabinen:** 31
**Medizinische Versorgung:** 2 Ärzte, 5 Krankenschwestern, 1 Apotheker und 1 Physiotherapeut. Hospital mit 11 Betten, davon sind 3 für Intensivpatienten und 2 für Isolierungs-Patienten ausgestattet
**Restaurants:** 5 Queens Grill (200 Plätze), Princess Grill (178), Britannia Restaurant (1.347 Plätze; 2 Sitzungen), Todd English Restaurant (156 Plätze), Kings Court Restaurant (650 Plätze), das Speisen rund um die Uhr serviert
**Bars:** 6 Golden Lion Bar, Chart Room, Veuve Clicqout-Champagnerbar, Sir Samuel's Weinbar, Pool Bar, Pavillion Bar & Nachtclub G32 und Commodore Club
**Fitness & Wellness:** »Canyon Ranch SpaClub« über 2 Decks umfasst 1.860 m² mit 24 Behandlungsräumen und 51 Mitarbeiter für Massagen, Körper- und Gesichtspflege, Thalasso-Anwendungen, Maniküre, Pediküre etc.
**Kinder:** Baby- und Kinderpool, Kinderclub mit 2 Kindergärtnerinnen, kindgerechte Spielsachen, Bücher und Computer, Videoarcade
**Bordwährung:** US-Dollar $